Immer den Ball hochhalten

Ein modernes Märchen

EXLIBRIS

Immer den Ball hochhalten

Ulf Gerlach

Ein modernes Märchen

EDITION OCTOPUS

Ulf Gerlach, »Immer den Ball hochhalten«

Satz: MV-Verlag
Illustration: Petra Schnee
Umschlaggestaltung: MV-Verlag
Umschlagfoto: Petra Schnee
Druck und Einband: MV-Verlag

ISBN 978-3-86991-482-4

Vorwort

Ich bin viel brauner als du. Das ist der Unterschied zwischen einem Banker und einem, der das Leben genießt. Oder: Kirche ist Verschwendung von Vormittag. Oder: Aufräumen lohnt sich eh nicht. Solche und ähnliche Kommentare unserer Kinder halten uns immer wieder den Spiegel vor. Worauf kommt es Kindern im Leben wirklich an? Passt das Erfahrungswissen und Wertesystem unserer Generation und der unserer Eltern überhaupt noch zu den heutigen Anforderungen im Leben unserer Kinder? Mit anderen Worten: Welche dieser Erfahrungen und Werte möchten wir tatsächlich an unsere Kinder weitergeben?

Das vorliegende Buch gab mir Gelegenheit, bewusst innezuhalten und einen Rückblick auf die vergangenen Jahre der Entwicklung unserer beiden mittlerweile jugendlichen Söhne vorzunehmen. Die zahlreichen gesammelten Originalzitate unserer Jungs ergeben – in alltäglichen Situationen miteinander verwoben – eine facettenreiche (nicht autobiografische) Familiengeschichte. Diese setzt sich aus themenbezogen gebündelten Begebenheiten zusammen, die als Ganzes betrachtet den Reifeprozess vom Kind zum Jugendlichen bzw. Erwachsenen widerspiegeln. Die einzelnen Episoden sind so anregend und bunt, wie die mit unseren Sprösslingen verbrachte Zeit: Kindlich und reif, übermütig und nachdenklich, amüsant und traurig, märchenhaft und dann wieder realistisch, immer authentisch und manchmal provokant, dazu lehrreich, ohne belehrend zu sein. Und damit genauso wechselnd und widersprüchlich wie das Wesen unserer beiden Kinder. Insofern kann ich gar nicht genau sagen, ob es sich »nur« um ein Kinderbuch oder nicht auch um ein Buch für Erwachsene handelt. Zu versuchen, als Erwachsener die Welt weiterhin oder wieder mit den Augen der Kinder zu sehen, ist tagtäglich eine große Herausforderung. Dabei seinen Kindern und letztlich sich selbst näherzukommen, empfinde ich als ein unvergleichliches Geschenk. Dieses möchte ich gerne mit dem Leser auf einer gemeinsamen Zeitreise teilen.

Widmen möchte ich dieses Buch zum einen meinen beiden Kindern, die mir in vielen alltäglichen Situationen durch ihre (be) merkenswerten Verhaltensweisen, Fragen oder Kommentare häufig Anlass zum Nachdenken gegeben haben. Zum anderen aber natürlich meiner lieben Frau, die mit mir gemeinsam eben diese familiären Situationen mit viel Geduld, Kraft und Zuwendung gemeistert hat – und mit dem nötigen Humor, der unerlässlich ist, wenn das familiäre Chaos gelegentlich Überhand zu nehmen droht.

Dr. Ulf Gerlach

Inhalt

Teil 1: Auf kleinen Füßen fing es an

1.1 Wie alles begann

Um es gleich vorwegzunehmen: Ich kann zwar den Ball hochhalten und bin auch sonst im Leben immer auf Ballhöhe. Dies ist aber kein Fußballbuch. Denn es geht um Wichtigeres – um mich, den Sammie. So nennen mich alle zu Hause. Das kommt daher, weil meine Mutter damals als Kind über ihr selbst gemaltes Bild »Kauboi Säm« geschrieben hat – natürlich konnte sie nicht wissen, wie man »Cowboy Sam« richtig schreibt. Jedenfalls gefiel meinen Eltern das Bild so gut, dass sie es von Anfang an in mein Kinderzimmer hängten und ich seitdem eben Sammie hieß. Warum auch nicht?
Ich fühle mich jetzt zwar eigentlich erwachsen, bin aber vielleicht noch etwas zu jung, um bereits meine Erlebnisse und Erkenntnisse aufzuschreiben. Von Memoiren will ich daher gar nicht sprechen, denn wer weiß schon, was sonst noch alles in meinem Leben passieren wird. Aber eines habe ich bereits jetzt begriffen: Es gibt sie noch, die guten alten Werte. Allerdings stellen sich aus heutiger Sicht viele Dinge etwas anders dar, als die »old generation« uns manchmal mit auf den Weg geben möchte. Meine eigene Wirklichkeit deckt sich nämlich nicht immer mit derjenigen anderer Leute, aber deshalb ist sie keinesfalls weniger richtig. Entscheidend ist doch für das Leben, sich selbst zu erkennen und mit seiner Realität glücklich zu werden, oder?
Mein Weg zu dieser Erkenntnis war sicherlich kein leichter. Mit vielen anderen Kindern teilte ich zunächst das Schicksal, die uneingeschränkte Aufmerksamkeit meiner Eltern plötzlich mit einem »angeblichen Supertypen« teilen zu müssen. Und das, nachdem ich zuvor fast drei Jahre lang alleiniger Mittelpunkt der Familie gewesen war. Als der kleine Bennie – so nannten ihn meine Eltern – auf die Welt kam, fand ich ihn im Kranken-

haus anfangs sogar noch ganz niedlich. Da ich mit dem kleinen Schreihals aber leider recht wenig anfangen konnte, teilte ich meiner Mami enttäuscht mit: »So ist er langweilig!« Sie tröstete mich: »Bald wird Bennie größer, dann könnt ihr zusammen spielen.« Eine Woche gab ich ihm zu Hause Zeit, konnte aber leider keinen wesentlichen Fortschritt feststellen. Deshalb stellte ich klar: »Jetzt war er lange bei uns – jetzt brauchen wir ihn nicht mehr.«

Vielleicht tröstet es Bennie heute, dass es unserem neuen Sandkasten auch nicht besser erging. Zur Ablenkung hatten mir meine Eltern nämlich einen wunderschönen, bunten Sandkasten gekauft und bauten ihn für mich im Garten unter unserem großen Apfelbaum auf. Ich spielte zwanzig Minuten darin, aber dann wurde es mir schon langweilig: »Können wir ihn mal langsam wieder abbauen?«, fragte ich meinen Papi. Ich brauchte eben viel Abwechslung und fand, dass mir eine gewisse Aufmerksamkeit einfach zustand. Vielleicht war ich in dieser Hinsicht anders als andere Kinder. Eine Bekannte meiner Mutter, Frau Neuhaus, hatte ihr früher einmal erzählt, ihre Kinder seien auch wie Tag und Nacht. Da wurde ich natürlich sofort argwöhnisch und wollte von Mami wissen: »Wer ist denn bei uns die Nacht?« Vielleicht war es ganz gut, dass mir nun endlich – ich wurde immerhin bald schon vier – ein Kindergartenplatz in Aussicht gestellt wurde. Mein Vater berichtete stolz einem unserer Nachbarn im gemeinsamen Garagenhof davon, dass ich voraussichtlich im September in den Kindergarten ginge. Ich meinte aber, dass man Dinge immer auf den Punkt bringen sollte und korrigierte: »Nein, höchstwahrscheinlich im Oktober! Bennie ist dagegen viel jünger. Der kommt in den Kindergarten, wenn es Wespen gibt!«

Der Garagenhof war für uns Kinder der ideale Platz zum Spielen. Zum Ärger der Nachbarn drehte ich hier endlose Runden mit meinem knallroten Bobbycar, natürlich einem mit der Original-Hartplastikbereifung – Vollgummi ist nur etwas für Weicheier, wie den Bennie. Der kippte einmal mit seinem Bobbycar um und weinte bitterlich. Gleich war natürlich die Mami zur Stelle.

»Mami, ich hab' mich wehgetan.« Mami konnte erschrocken nur »oh« sagen. Daraufhin Bennie: »Sag mal was Liebes zu mir, sag nicht immer ›oh‹!« Der kleine Bennie wusste genau, wie er bei Mami Pluspunkte sammeln konnte. Das machte der angebliche Supertyp sehr berechnend, indem er Sätze sagte, bei denen Mami einfach wegschmolz: »Beobachte mich mal. Ich fahre hier mit einem Krabbenkutter und sammele Federn. Weißt du was, Mami, ich bin süß.« Mami überschlug sich dann mit der Kreation neuer Kosenamen. Aus »Bennie« wurde »Benniemann« und wenn es ganz arg wurde, nannte sie ihn sogar »Benniemännchen«. Dabei saß er doch auch nur wie ich auf seinem Bobbycar.
Manchmal kamen unsere Nachbarn in den Hof und wir schwätzten ein wenig. Die Frau war ganz langweilig, der Mann war nicht so langweilig. Er war früher sogar Professor gewesen, doch wenn er uns eine Institutsgeschichte erzählen wollte, sagte ich meistens Nein. Einmal fragte er mich verwundert: »Warum fährst du denn barfuß Bobbycar?« »Na, weil ich Schuhe und Strümpfe ausgezogen habe!«, antwortete ich ihm. Solche Fragen musste man sich von solchen schlauen Leuten anhören ... Ich war jedenfalls kein Weichei und fiel auch nicht einfach so vom Bobbycar. Aber wenn ich ganz ehrlich bin: Viel lieber als mit meinem Bobbycar war ich eigentlich mit meinem Fahrrad unterwegs. Warum? Ganz einfach, da brauchte man nicht so viel zu tun!
Zum Spielen kamen manchmal Lena und Max zu uns in den Hof. Lena wollte immer alles genau wissen, zum Beispiel, welche Reifengröße ich hatte. »Reifengröße 16«, gab ich ihr bereitwillig Auskunft. Dann ihre Frage: »Und hinten?« Frauen sind schon eigenartig. Aber Lena hatte etwas, das wir leider nicht besaßen – eine kleine Katze. Ich streichelte sie im Hof und fragte: »Lena, wie heißt denn die Katze?« Lena antwortete stolz: »Das ist unsere!« Ich wunderte mich sehr: »Unsere – das ist aber ein ulkiger Name.« Mit dem kleinen Max verstand ich mich auch gut. Einmal wollte er sich mein Bobbycar ausleihen. Da er seine eine Hand gerade brauchte, bat er mich um eine kleine Gefälligkeit: »Kannst du mal meinen Popel halten?« Eine Hand wäscht eben die andere.

Wenn es nach meiner Mutter ging, endeten solche schönen Tage abends immer in der Badewanne. Einmal stellte meine Mami fest: »Hier stinkt's. Hat der Bennie etwas in der Hose?« Doch der wehrte sich entrüstet: »Nee, ich hab doch vorhin erst reingefasst.«
Als ich dies hörte, sah ich es als meine erzieherische Aufgabe an, unverzüglich einzuschreiten: »Bennie, später im Job kannst du auch nicht die Hände im Hintern haben. Wo ist an der Backe der Scheiß? Ich will ihn sehen!« Und tatsächlich, er hatte sich wie erwartet geirrt, war dann aber sogar noch stolz auf sein Produkt: »Guck mal, wie spitz die Spitze ist. Ich habe ein Raketenmüffi gemacht!«
Es kam, wie es kommen musste, wir sollten beide in die Badewanne. Erst wollte Bennie nicht baden und bat Mami: »Kannst du mich nicht müffeln lassen?« Doch es gab kein Pardon und am Ende wollte er gar nicht mehr aus der Wanne heraus mit der Begründung: »Ich bade noch ein bisschen, bis die Würstchen an den Füßen abgehen.« Dann pupste Bennie auch noch in der Badewanne: »Entschuldigung, ich habe den falschen Schalter erwischt. Ich hab auf Whirlpool gedrückt ...« Voller Anerkennung merkte ich an: »Dein Furz eben war zweidimensional.« Doch meine Mami war Musikpädagogin und konnte Töne besser beurteilen: »Du meinst polyphon!« Richtig, das war das Wort, das mir beim letzten Handykauf so imponiert hatte. Egal, ich setzte noch einen oben drauf und bollerte: »Das gehört jetzt einfach zu einem ausgelassenen Badespaß dazu. Allmählich wird's jetzt primitiv.« Jeder Badetermin endete für meine Mutter im Stress, da sie uns beide gleichzeitig abtrocknen und anziehen musste. Deshalb rief ich noch aus der Wanne heraus: »Eine Unterhose für den Herrn Sammie, bitte. Es ist immer besser, wenn ein anderer die Sachen holt!«
Jetzt war die Wespenzeit gekommen und Bennie kam tatsächlich in den Kindergarten. Endlich hatte die Zeit ein Ende, in der er Mami jeden Morgen für sich alleine hatte. Als Papi einmal Urlaub hatte, begleitete ich ihn, um Bennie um 12.00 Uhr vom Kindergarten abzuholen. Aber siehe da, der spielte gar nicht mit den anderen Kindern, sondern wartete dort auf einer Bank, um abgeholt zu werden. Ich ließ ihn gleich wissen, dass mich dies maßlos

ärgerte: »Bennie, das ganze Geld, das der Papi verdient, versitzt du nur auf der Bank im Kindergarten.« An diesem Tag hatten alle Kinder im Kindergarten gekocht, doch geschmeckt hatte es Bennie offenbar überhaupt nicht: »Das Fleisch im Kindergarten war so eklig. Ich habe es fast auf die Kindergartengärtnerin gespuckt. Das war igitt für mich. Das Essen liegt mir schwer im Magen.« »Ja, wo auch sonst!«, gab ich ihm zur Antwort. Aber aus meiner eigenen Erfahrung konnte ich nachfühlen, wie es ihm ging: »Am widerlichsten waren früher im Kindergarten die Würstchen von Aldi – von denen kommen noch heute meine Übelkeitsattacken her.« Wir gingen den schönen, aber etwas längeren Weg am Waldrand entlang und vorbei an einer Prominentenvilla. Bennie beeindruckte das Anwesen aber wenig: »Ich finde die Villa vom wichtigen Mann gar nicht so wichtig!« Als wir endlich zu Hause ankamen, wunderte sich Mami: »Ihr kommt ja spät nach Hause.« Bennie war kein action-man wie ich und beklagte sich gleich: »Der Papi ist ein ganz ekliger Junge, der läuft immer den Umweg.« Mami war etwas traurig: »Jetzt sind eure Fischstäbchen leider kalt.« Doch ich wusste gleich Rat: »Mami, das Mittagessen kannst du ruhig nochmals wärmen. In den Fischstäbchen findest du sowieso keinen Fisch, da kannst du lange suchen.« Bennie mochte überhaupt keinen Fisch, nicht einmal Fischstäbchen, und meinte: »Ich hebe mir meinen Hunger lieber für zwischendurch auf.« Aber dann machte Mami ihm doch noch etwas anderes zum Mittagessen, nämlich »Toffelkapuffer«. Kartoffelpuffer konnte er nämlich noch nicht richtig aussprechen. Und dann war Mittagsstunde. Es wurde langsam aber auch Zeit, dass mal Ruhe einkehrte.

1.2 Mami, schlechte Nachricht, die Britta ist am Telefon!

Wenn ich nicht mit meinem Fahrrad fuhr, kaufte ich eigentlich am liebsten ein. Bei uns war Samstag immer der große Einkaufstag, dann wurden die Vorräte für die Woche herangekarrt. Bevor wir starteten, stellte Mami einen Einkaufszettel zusammen. Bennie hatte meistens eigenartige Wünsche, wie beispielsweise ein »Schoko-Kroasonk« oder »Königsteiner Klopse«, er war eben noch recht jung. Trotzdem machte er sich Gedanken darüber, ob auf dem Einkaufszettel die Produktnamen in den gleichen Farben wie auf der Verpackung stehen müssten. Für meine geliebte Nutella würde das bedeuten, dass wie auf dem Glas auch das N vorne in Rot geschrieben werden müsste. Das waren vielleicht Probleme ...

Plötzlich klingelte das Telefon. Bennie stürzte gleich hin. Unsere Nachbarin Britta war dran und fragte ihn: »Hallo, Bennie, wie geht es?« Er antwortete: »Is' nich' hallo, wie geht's.« Da nahm ich ihm den Telefonhörer weg und gab ihn an Mami weiter: »Mami, schlechte Nachricht, die Britta ist dran.« Solche Telefonate empfand ich immer als lästige Unterbrechungen unseres Familienalltags. Deshalb schlug ich Mami nach ihrem Telefongespräch vor: »Warum nehmen wir der Britta nicht unsere Telefonnummer weg? Lass uns nachher bloß nicht zu Lidl fahren, sonst treffen wir da die Britta!«

Endlich konnte unsere Einkaufstour beginnen. Ich ging schon in den Hof hinaus und traf dort eine Nachbarin. Sie fragte mich: »Was hast du denn jetzt Schönes vor?« Doch ich hatte keine Lust, mich zu unterhalten und ausfragen zu lassen, und antwortete lässig: »Ich geh' hier nur mal so vorbei.«

Einkaufen war eine teure Angelegenheit. Bennie verstand aber noch nicht, weshalb unser Weg zunächst zur Bank führte, und fragte sicherheitshalber nach: »Papi, willst du auch Geld kaufen?« Danach schlenderten wir durch einen Drogeriemarkt, um unsere Zahnpasta- und Seifenvorräte wieder aufzufüllen. In der Abteilung für Damenhygiene fand eine weiche Schachtel mein Interesse. Mein trockener Kommentar hier: »Wir wissen nicht, was da drin ist.« Ich wusste es ja wirklich nicht. Aber eine Antwort gab es damals auch keine.

Als Nächstes gingen wir in ein Schuhgeschäft, denn ich brauchte dringend neue Schuhe. Das meinte jedenfalls Mami. Damit die Verkäuferin nicht zu viele Kartons mit Schuhen heranschleppte, die mir dann sowieso nicht passten, machte ich ihr gleich

am Anfang deutlich: »Ich habe neue Einladungen (Einlagen) in meinen Schuhen.« Gefühlte zwanzig Paar Schuhe probierte ich, ehe endlich eines passte, das mir auch gefiel. Wir bezahlten es an der Kasse und ich sagte erleichtert zur Schuhverkäuferin: »So, ich geh' jetzt Eisessen. Du bleibst hier und verkaufst Schuhe!« Bennie fragte die Verkäuferin noch, ob sie auch Schuhe für unsere Mami habe, doch darauf ließ ich mich zum Glück nicht ein, sodass wir umgehend den Laden verlassen konnten. Schließlich besaß Mami doch Schuhe, die ihr passten. Ein leckeres Eis hatten wir uns nun alle verdient. Ich nahm wie immer Stracciatella, Bennie bestellte »Pfirsich Mamakuja«. Durch das viele Einkaufen hatte Bennie Hunger bekommen und wir mussten die nächste Bäckerei aufsuchen. Dort gab er der Verkäuferin dann eine weitere spezielle Bestellung durch: »Ich möchte eine ›Laubenbrezel‹ mit einem ganz ›harten Knochen‹.«
Aber wir hatten noch längst nicht alles erledigt. Wir steuerten zielstrebig einen Uhrenladen an, der mich durch eine riesige Auswahl unterschiedlichster Uhren beeindruckte und zugleich verwirrte. Etwas irritiert gab ich dem Verkäufer meinen Wunsch bekannt: »Ich möchte eine neue Uhr für diese Batterie kaufen.« Weniger beeindruckt und eher abgestoßen hat mich dagegen der Secondhand-Laden, in dem wir anschließend vorbeischauten. Ich stellte daher fest: »Alles Sperrmüll hier!« Bennie hatte gleich einen guten Vorschlag: »Was ist, wenn man den ganzen Wühltisch zur Kasse schiebt?« Leider nahmen wir beim Rückweg (ja, wir liefen gerade samstags oft zum Einkaufen) nicht den Bus, sondern gingen an den Stadtbussen vorbei, die mit laufendem Motor nur auf uns zu warten schienen. Kritisch merkte ich deshalb an: »Meiner Meinung nach ist Königstein doch kein heilklimatischer Kurort. Königstein hat keine gute Luft hier am Busparkplatz.«
Unser Weg führte anschließend am großen Königsteiner Hallenbad vorbei, das jedoch leider schon seit einiger Zeit geschlossen war. An der Eingangstür entdeckte ich ein Hinweisschild und ging näher heran: »Ich schaue auf dem Zettel nach, wann das hier mal wieder losgeht.« Da ich noch nicht richtig lesen konnte, half mir Papi: »Hier steht, dass das Schwimmbad dem-

nächst wieder geöffnet wird.« Doch das akzeptierte ich nicht: »Wieso demnächst? Woher sollen wir denn wissen, wann demnächst rum ist?« Da sich diese Frage nicht klären ließ, machte ich einen Vorschlag: »Bennie, möchtest du morgen mit ins Freibad gehen?« Bennie war – wenn auch etwas emotionslos – gleich einverstanden: »Ausmachen würde es mir nichts! Dann kann ich meine neue Sonnenscheinbrille mitnehmen.«

Weil ich anschließend auch zu Hause artig gewesen war, hatten mir meine Eltern für den Abend eine Überraschung in Aussicht gestellt. Erst meinte Mami: »Sammie, weil du heute so lieb warst, schneide ich dir jetzt eine leckere Birne zurecht.« Doch das ließ ich nicht gelten: »Birne ist keine Überraschung!« Die eigentliche Überraschung bestand aber im Besuch meiner Lieblingspizzeria. Ich jubelte laut auf: »Ich kriege eine Überraschung, wir fahren ins Restaurant. Ruf mal beim Gino an und frage, ob wir hindürfen.« Ich ging gerne gerade zu Gino, weil der immer viele Späße mit Kindern machte. Wie immer aßen wir dort die leckere Steinofenpizza an den Stehtischen. Bennie hatte den größten Hunger und meinte stolz: »Ich esse eine ganze Pizza alleine, ohne Müffi zu machen.« Mami fragte nach: »Bennie, hattest du schon drei Pizzastücke?« Doch der verneinte: »Nein, ich hatte erst vier Stücke!« Am Ende hatte er tatsächlich seine Pizza geschafft und er gab stolz bekannt: »Alles auf dreimal aufgegessen!«

Papi nahm für Bennie und mich aus dem aufgestellten Selbstbedienungskühlschrank je eine Flasche Apfelsaftschorle. Eine Mischung aus Apfelsaft und Bitzelwasser – Bennie war fasziniert und wollte wissen: »Ist oben das Bitzelwasser?« Ich trank meine Flasche sofort leer, was mir aber nicht besonders gut bekam: »Oh, oh, mir tut das Herz weh vom kalten Gluckern. Ich glaube, ich kriege eine Herz-Kreislauf-Attacke!« Der Junge am Nachbartisch trank sogar eine Coca Cola, was ich aber überhaupt nicht nachvollziehen konnte: »Für den jungen Herrn wird es eine lange Nacht mit einer Cola um 19.00 Uhr!« Dann beendete ich unser Abendessen und rief zum Kellner: »Kannst du mal abräumen?« Das war wieder ein sehr gelungener Tag. Und das

Essen war fast so lecker wie beim Schorsch am Schnitzel-Day!
Sonntag war für mich eigentlich nicht der schönste Tag der Woche. Zwar hatten wir dann alle frei, aber die Geschäfte waren geschlossen und wir mussten den Tag frei gestalten. Sobald ich aufwachte, ging ich am liebsten gleich zu meinen Eltern ins Schlafzimmer. »Papi, was machst du denn?« »Ich strecke mich«, antwortete er. »Was macht man denn mit ›strecken‹?«, wollte ich wissen, »hast du denn immer noch Rückenschmerzen?« »Ja, ein bisschen.« Mami schlug vor, die Wärmelampe einzusetzen, aber ich wiegelte gleich ab: »Nee, ich glaube, die hilft nix – die hilft nur bei den Sittichen. Papi, aber wenn du krank bist, dann gehst du am besten zum Arzt und legst danach bei deiner Bank dein Testament vor.« Papi wunderte sich und fragte nach »Du meinst wohl ›Attest‹?« Ja, natürlich, ich war leider noch saumüde und im Energiesparmodus. Schließlich war ich schon wach gewesen, als es in einer Viertelstunde halb acht war.
Wie gut, dass es meine Eltern gab. Wenn Papi und Mami nicht geboren wären, dann hätte ich nämlich die ganze Hausarbeit machen müssen. Beim sonntäglichen Frühstück spielte sich trotzdem immer das Gleiche ab. Mami fragte uns, ob wir ihr beim Tischdecken helfen könnten. Das sah ich jedoch überhaupt nicht ein: »Warum soll ich den Tisch decken? Damit ihr euch im Bett herumwälzen könnt und Bennie Lego spielt. Was hab ich denn davon?« Mami appellierte an unseren Teamgeist, doch das ließ ich nicht gelten: »Du bist die Mami, das ist dein Job! Möchtest du lieber ein Mann sein, damit du nichts machen musst?« Solche Diskussionen lösten bei meiner Mutter gelegentlich Selbstzweifel aus: »Ihr wisst gar nicht, wie gut es euch geht. Ihr brauchtet eigentlich eine viel, viel strengere Mutter.« Dieses Mal war sogar Bennie auf meiner Seite: »Wir wollen keine andere Mami, weil die ja nicht macht, was wir wollen.« Doch helfen wollte ich auch weiterhin nicht, denn ich fand: Wer nicht mitfrühstückte, musste den Tisch auch nicht mitdecken.
Obwohl es beim Sonntagsfrühstück bei uns meist recht turbulent zuging, ließ ich es mir aber nicht nehmen, trotzdem dabei zu sein. Als wir eines Sonntags am Tisch saßen, war Mami

wieder einmal besorgt, dass wir frieren könnten. Doch Bennie entgegnete: »Meine Hände sind nicht kalt, sie sind genau richtig für das Frühstück.« Trotzdem stand ich auf und drehte unsere Heizung auf die Namibia-Stellung. Doch das war Papi gar nicht recht und er maßregelte mich: »Die Kinder sollen nicht die Heizung verstellen.« Doch das konnte ich überhaupt nicht nachvollziehen: »Die Heizungen wissen doch gar nicht, ob die Kinder daran drehen!« Bei IKEA würden bestimmt Schilder an den Heizungen hängen, auf denen – betont nett formuliert – zu lesen wäre: »Liebes Kind, danke, dass Du nicht an mir drehst!« Bennie war bei uns das unkomplizierte Kind, er trank freiwillig sogar abgelaufene Milch und meinte noch: »Die schmeckt ein bisschen anders, aber eigentlich leckerer als die normale Milch!« Danach wischte er sich den Mund ab: »So, jetzt sehe ich perfekt aus.« Das Essen schlang er auch nicht wie ich hinunter, sondern zelebrierte jede Mahlzeit: »Schaut mal, ich habe mir einen Kaufhof-Frühstücksteller gemacht. Mein Käse hat Löcher. Löcher kann man mitessen. Und den Honig mag ich, weil da Bienen drin sind.« Aber ehrlich gesagt, bei Brotaufstrichen hatte ich persönlich es jedoch lieber mild.
Meine Mutter glaubte immer, dass wir völlig ausgehungert seien: »Bennie, hast du noch Hunger, sag mal Ja oder Nein.« Bennie antwortete pflichtbewusst: »Ja oder Nein.« Dann fragte sie mich: »Sammie, möchtest du noch etwas essen?« »Was kannst du mir denn anbieten?«, wollte ich wissen. Brot, na gut. Wir lebten in einem sehr modernen Haus, schließlich hatten wir eine neue Brotschneidemaschine. Bennie bot an, eine Scheibe Brot für mich abzuschneiden: »Ich verspreche auch, dass ich mir nicht in die Finger schneide.« Nachdem ich die Brotscheibe getoastet hatte, wartete ich voller Ungeduld darauf, dass endlich die Wärme vom Toast abging. Dann sagte ich zu meinem Vater: »Gib mir die Butter, sie wird ja schlecht, wenn sie so lange bei euch steht. Kannst du das aufschreiben? Oder war es nicht lustig genug?« Papi antwortete: »Irgendwann schreibe ich ein Buch mit all deinen Sprüchen.« Das fand ich jedoch gar nicht lustig: »Uuuch, wie unfair. Ich sag die tollen Sachen und du machst

den fetten Reibach!« Dann verließ ich wortlos den Tisch, drehte mich dann aber nochmals um und meinte trotzig: »Jetzt sage ich nicht mehr ›Darf ich aufstehen?‹ Für immer nicht mehr!«
Als ich auf der Treppe schon fast im Obergeschoss war, rief Mami mir hinterher: »Vergiss bitte nicht, deine Zähne zu putzen!« Ich rief zurück: »Ich habe vorhin schon mal angefangen, Zähne zu putzen. Ich muss nur noch zu Ende putzen.« Als Mami dies aber nicht glauben wollte, konnte ich es ihr sogar beweisen: »Doch, ich habe Zähne geputzt. Du kannst ja gucken, wie schmutzig das Waschbecken ist!« Mami war trotzdem enttäuscht: »Sammie, warum hinterlässt du das Bad denn nicht so sauber, wie du es auch vorgefunden hast?« »Aber Papi hat mir doch gesagt, man solle im Leben Spuren hinterlassen.« »Sammie, das stimmt schon, aber doch nicht solche ...«, meinte Papi. »Ihr habt doch einen Putzfimmel, genauso wie Bobopa«, ereiferte ich mich. »Der wählt bestimmt die Grünen, weil er auch immer so viel sauber macht.« Bobopa ist übrigens der Vater von unserer Mami. Doch Papi brachte das Gespräch wieder auf das leidige Thema »Zahnpflege« zurück: »Falls du nicht gründlich deine Zähne putzt, fallen sie heraus, und du kannst nur noch Suppe essen.« »Welche Suppe ist denn das?«, wollte ich wissen. Dann fiel mein Blick auf mein strahlendes Portraitfoto, das auf der Anrichte stand, und ich triumphierte: »Siehst du die Zähne, siehst du den Perlenkranz? Vor Karies hätte ich sowieso keine Angst. Wenn der Zahn herausfällt, dann fällt der Karies doch gleich mit heraus.«
Bennie wollte wohl Pluspunkte sammeln und sagte voller Stolz: »Ich kann schon alleine meine Zähne putzen. Ich weiß schon, wo die ganzen Zähne sind.« »Wir müssten mit dir aber auch einmal zum Zahnarzt gehen«, meinte Mami mit besorgtem Blick. Da bekam Bennie es mit der Angst zu tun und bat: »Sag dem Zahnarzt aber nichts davon, dass bei mir ein Doppelzahn kommt. Am Ende muss er einen Zahn ziehen!« Doch Mami beruhigte ihn: »Durch die Betäubung im Mund werden die Muskeln und Nerven lahmgelegt.« Sogleich wollte ich wissen: »Und wann werden sie wieder schnell gelegt?«

1.3 Bobopa ist mein Lieblingsmensch

Für den Nachmittag hatten sich meine Großeltern bei uns angesagt – Bobopa mit Moma und dazu noch seine Mutter, also meine Uromi. Sie lebte im Haus Raphael im gleichen Ort wie wir alle. Bobopa wohnte damals mit Moma sogar nur wenige Straßen von uns entfernt. Von klein auf ist er immer für mich dagewesen. Daher ist für mich ganz klar: Bobopa ist mein Lieblingsmensch. Ich fand, dass es für ihn etwas Besonderes zu essen geben sollte, und rief daher durchs Haus: »Mami, von wegen Mittagsruhe nachher – da wirst du deine Karre zum Konditor schwingen und Torte kaufen.« Doch Mami schlug vor, lieber eine leckere Rüblitorte zu backen, und gab mir gleich Mohrrüben, die ich reiben sollte. Wie gerne hätte Bennie dabei geholfen: »Kann ich auch gleich so etwas vorhaben wie Sammie?«, fragte er, aber das war natürlich noch zu gefährlich für den Kleinen.

Uromi kam zuerst. Sie brachte eine Flasche Wein und mir Schokolade mit. In der Küche zog ich Mami zur Seite und flüsterte ihr leise zu: »Ich hab's gut – mir hat sie Schokolade mitgebracht, euch aber nur den ollen Wein!« Ich wartete schon ungeduldig, dass endlich auch Bobopa käme. Endlich klingelte es, Papi ging zur Tür und öffnete. Den kurzen Moment ließ ich nicht ungenutzt verstreichen: »Mami, gib mir mal die Kekse, wo der Papi immer Nein gesagt hat!« Als Bobopa dann zu uns ins Esszimmer kam, sagte Bennie zu ihm: »Ich kann heute leider nicht mit dir spielen, wir haben schon Besuch.« Oh Mann!

Wir saßen an der gedeckten Kaffeetafel und probierten die leckere Rüblitorte. Zum ersten Mal in meinem Leben durfte ich an der Kaffeetasse nippen. Mein ehrliches Urteil: »Der Kaffee ist ein Traum für Jung und Alt!« Aber noch lieber trank ich Tee, da unsere Teekanne in einer herrlichen Schaukelvorrichtung hing und zum Einschenken gar nicht angehoben werden musste. Diese Erfindung war herrlich geeignet für Grobmotoriker. Als der Nachmittag anfing, sich wie Kaugummi in die Länge zu ziehen, fragte ich bei Uromi schon einmal vorsichtig an: »Bleibst du noch bis viertel Uhr?«

Und wie das bei Erwachsenen so ist, wenn ihnen der Gesprächsstoff ausgeht, dann werden die Kinderthemen durchgekaut. Und so war es dann auch prompt. Mami erzählte Bobopa und Uromi von meiner letzten Ergotherapie bei Frau Halm-Graumann: »In der Ergotherapie sollte Sammie unter eine große Brettschaukel kriechen. Das wollte er aber nicht. Wisst ihr, warum nicht? Da sei es ihm zu schattig!« »Recht hat er doch«, pflichtete mir Bobopa bei. Ich fühlte mich bestärkt: »Ich bin geheilt. Und die Halm-Graumann denkt immer noch, sie hat einen dicken Fisch an der Angel. Nie wieder Halm-Graumann. Ich bin austherapiert!«
Aber irgendwann wurde selbst mir der Besuch zu viel: »Weißt du, Bobopa, was mir jetzt langsam nicht mehr passt? Du bist jetzt schon über zwei Stunden bei uns.« Und Bennie meinte etwas diplomatischer als ich: »Wollen wir unsere Verabredung beenden?« Bobopa antwortete uns: »Ich muss ohnehin langsam aufbrechen. Vorher räumen wir aber noch gemeinsam den Tisch ab.« Das wollte ich mir aber nicht von Bobopa sagen lassen, denn meine Eltern gaben mir auch sonst schon genug Anweisungen, um ihrem Erziehungsauftrag gerecht zu werden. Deshalb stellte ich auch gleich klar: »Bobopa, du hast hier gar nichts zu sagen. Wir haben dir das Haus abgekauft und dir viel Geld dafür gegeben.« Das wiederum wollte mein Vater so natürlich nicht stehen lassen: »Sammie, so etwas sagt man nicht!« Etwas genervt fragte ich in den Raum: »Wann arbeitet der denn wieder?« Bennie schaute mich daraufhin erstaunt und etwas ängstlich an und sagte: »Sammie, du siehst unhöflich aus.« Aber dann bekam ich doch noch Unterstützung von Bennie, was selten genug der Fall war: »Papi soll mal wieder Bank gehen. Der Papi macht nur Probleme im Alltag.« Mein Vater arbeitete im Personalbereich einer großen Bank. Was er da genau machte, habe ich eigentlich nie verstanden. »Die richtigen Leute einstellen und weiterentwickeln«, versuchte er mir einmal zu erklären. Mir war das aber alles zu abstrakt. Ich bevorzugte Berufe, bei denen man mitten im Leben steht. Der Vater meines türkischen Freundes Erkan beispielsweise arbeitete beim Bodenpersonal für Lufthansa. Darunter konnte ich mir viel eher etwas vorstellen.

Wahrscheinlich fischte er die toten Vögel aus den Triebwerken. Jedenfalls mischte sich nun auch Mami in unsere Diskussion ein und meinte zu mir: »Sammie, du fährst heute aber auf hohen Drehzahlen!« »Ja«, antwortete ich, »so bin ich eben. Ich habe Wespen im Hintern, äh, Hummeln im Po. Aber Bennie, der hat dafür nur eine Umdrehung. Ist euch das etwa lieber?«

1.4 Das Waldrestaurant

An einem Sonntagmorgen im Frühling saßen wir alle zusammen am Tisch und diskutierten das Tagesprogramm. Die Planung dauerte bei uns meistens sehr lange, da jeder von uns völlig unterschiedliche Vorstellungen hatte. Mami machte einen Vorschlag: »Heute Nachmittag sind wir bei Frau Heidenreich eingeladen. Lasst uns doch vorher noch rausgehen.« Doch dazu hatte ich überhaupt keine Lust: »Wir wollen doch lieber ihr Haus von innen angucken. Das Wetter kennen wir ja. Draußen ist es kalt.« Jetzt meldete sich auch Papi zu Wort: »Nein, Sammie, es ist schön warm, wir gehen hinaus.« Zum Glück fiel mir gerade noch rechtzeitig ein, was mich dazu motivieren könnte: »Dann kann ich auch ein Eis essen.«
Vor unserer Haustür wächst bei uns im Garten ein Phänomen, das ich bis heute nicht verstehen kann, unser Kugelahorn. Woher weiß der bloß, dass er als Kugel wachsen soll? Wahrscheinlich weil er aus der Baumschule kam. Unser Garten hatte genau die richtige Größe, sodass wir darin herumtoben konnten und dies sogar einige Blumen überlebten. Mami freute sich über die Blumenpracht im Frühling: »Guckt mal, wie schön die Veilchen bei uns blühen.« Bennie blickte zweifelnd auf den Boden und verstand die Welt nicht mehr: »Wo ist denn der Pfeil?«

Der Gartenaufenthalt begann mich zu langweilen und ich meinte: »In Wirklichkeit will ich gar nicht in den Garten. Muss ich wirklich mitkommen, wenn ihr zu Frau Heidenreich geht?« Und da hatte Mami die rettende Idee: »Sammie, wenn du willst, rufe ich Bobopa an, dass er dich heute Nachmittag zu einer kleinen Wanderung abholen soll. Ihr könnt ja mal wieder bei eurem Waldrestaurant vorbeischauen.«

Das Waldrestaurant war ein ganz besonderer Ort, den nur Bobopa und ich kannten. Eigentlich war es gar kein richtiges Restaurant, wir nannten es nur so. An einer versteckten Anhöhe im Wald, umgeben von hohen Buchen, hatten wir nämlich aus Steinen eine kleine Höhle gebaut, die gerade so groß war, dass meine Lieblingstierchen – die Furbys – darin Platz fanden. Die Höhle hatten wir mit Moos ausgelegt; sie bot einen wunderschönen Ausblick. Nur selten verirrte sich ein Fremder in diese einsame Gegend. Zum Waldrestaurant gelangte nur derjenige, der den Hauptweg verließ und über die vielen Felsen hinweg einen steilen Hang hinaufkletterte. Mehr über den genauen Weg erfährt aber niemand. Bobopa und ich würden keinem diese versteckte Stelle im Wald verraten, die uns so verbindet. Ich glaube, viele Menschen wünschen sich einen solchen geheimnisvollen Ort, der für sie eine besondere Bedeutung besitzt und an den sie sich immer wieder zurückziehen können. Um sich zu besinnen und neue Kraft zu schöpfen. Manche Menschen sind bestimmt ihr Leben lang auf der Suche nach einem solchen Platz, der ihnen bereits durch seine Existenz einen Halt gibt. Und ich hatte das Glück, mir mit Bobopa eine solche Anlaufstelle schon so früh geschaffen zu haben! So etwas kann man nämlich nicht planen, es muss sich einfach ergeben.

Und tatsächlich, Bobopa hatte für mich Zeit und kam nachmittags pünktlich wie immer vorbei. Schon am Gartentor rief er mir laut zu: »Huhu!« Diese Grußform war mir aber doch zu dumm und ich entgegnete: »Will nicht Huhu sagen …« Bennie hatte gleich eine Ausrede parat, um nicht mitwandern zu müssen und stattdessen lieber Kuchen bei Frau Heidenreich essen zu können: »Oh, ich hab' wieder 'ne Blase am Fuß.« Einen solchen Grund ließ ich aber nicht als Entschuldigung gelten: »Ach, das haben wir doch alle ...« Letztlich war ich jedoch froh, mich alleine mit Bobopa auf den Weg zu unserem Waldrestaurant machen zu können.

Während unserer Wanderungen hatten wir viel Zeit, um gemeinsam über alles Mögliche zu sprechen. Über die Furbys zum Beispiel, die nicht nur sprechen konnten, sondern für mich richtig lebten. Oder wir liefen einfach schweigend durch den einsamen Wald, wie gute Freunde eben, die sich auch ohne viele Worte verstehen. In unserem Waldrestaurant lagen alle Steine der kleinen Höhle unverändert an ihrem Platz. Wir setzten uns auf einen umgestürzten Baumstamm, um uns kurz auszuruhen. Die Vögel »witscherten«, es war einfach herrlich. »Schau mal, Bobopa, hier steht ein Bucheckernbaum.« Bobopa erklärte mir, dass Bucheckern von Buchen abfielen. Er kannte im Wald alle Bäume, Pflanzen und Tiere und erzählte mir, dass er oft als Kind im Wald Bucheckern gesammelt habe. Die Bucheckern wurden während des Krieges säckeweise als Schweinefutter an die Bauern verkauft, da es für die Tiere damals zu wenig zu fressen gab. »An der Buche hängen viele verstorbene Blätter. So wie bei unserer Hortensie. An der hängen auch verrostete Blätter«, sagte ich zu Bobopa. »Eigentlich ist es schade, dass erst alles so schön wächst und dann doch wieder vergeht.« Bobopa stimmte mir zu: »Ja, aber das gehört dazu, so ist eben das Leben.« »Ich kann mir gar nicht vorstellen, wie es ist, auf einmal nicht mehr da zu sein«, meinte ich, »kann man denn nicht irgendetwas tun, damit man immer auf der Welt bleibt?« Bobopa überlegte kurz und antwortete mir dann nachdenklich: »Doch, man muss etwas säen, das dann immer weiter wächst. Oder etwas aufbauen, das immer stehen bleiben wird, so wie unser Waldrestaurant hier. Daran wirst du dich bestimmt noch erinnern, wenn du einmal selbst Kinder oder Enkelkinder hast, so wie ich.«

Als ich meinen Blick zum Waldrestaurant wendete, kam es mir plötzlich fast ein wenig unheimlich vor, so wie ein kleines Grabmal. Es war jetzt sehr still im Wald. Plötzlich juckte es in meinem rechten Auge und ich begann, es zu reiben. Als Bobopa mich erstaunt ansah, erklärte ich ihm: »Mir ist 'ne Fliege ins Auge geflogen – die hat mich wahrscheinlich mit ihren Hörnern gestochen.« Dann machten wir uns wieder auf den Heimweg durch den herrlichen Frühlingswald. Ich hörte hinter uns Schritte und drehte mich um, als uns gerade ein Jogger überholte. Ich fragte ihn erstaunt: »Weshalb laufen Sie denn so schnell?« Wir gingen weiter und hatten schon bald unser Dorf erreicht. Bobopa gab mich wieder bei Mami und Papi ab, die inzwischen längst wieder von ihrem Besuch bei Frau Heidenreich heimgekehrt waren.

1.5 Der Flaschengeist

Papi nahm sich immer sehr viel Zeit, um mit Bennie und mir Bilderbücher anzuschauen. Wir machten es uns meistens auf dem großen Sofa gemütlich und blätterten Seite für Seite unzählige Bücher durch. Immer wieder gab es etwas Neues zu entdecken, das mir half, die Welt besser zu verstehen. Ich erinnere mich noch gut daran, als wir ein altes Buch mit vielen Schwarz-Weiß-Fotos von Burgen betrachteten. Ich kam ins Zweifeln und fragte: »Papi, war die Welt früher auch schon bunt?« Zu meinen Lieblingsbüchern gehörte ein Kinderlexikon, in dem fast alle wichtigen Begriffe abgebildet und alphabetisch geordnet waren. Auf diese Weise beschäftigten wir Kinder uns schon frühzeitig mit dem Alphabet. Als Papi mich einmal bat, ein Wort zu nennen, das mit »D« anfängt, kannte ich sogar gleich zwei: »Dick und Doof!« Bennie blätterte auch gerne im Lexikon. Einmal meinte er: »Ich suche jetzt im Inhaltsverzeichnis nach ›Kl‹, ich suche das Wort ›Klapptürchenbücher‹.« Aber alle Wörter stehen eben doch nicht im Lexikon. Manchmal erstaunte Bennie mich regelrecht und brachte mich durch sein Wissen und seine Sprüche – wie »Ein ›B‹ ist ein Strich und eine ›3‹ dahinter« – regelrecht in Zugzwang. Aber dann kamen auch wieder Aussetzer, die zeigten, dass der angebliche Supertyp doch kein Überflieger war. So musste Bennie einmal selbst zugeben: »Bis zum ›Z‹ kann ich das

Alphabet, weiter kann ich es nicht.« Oder als Papi Bennie fragte, warum er aus seinem Bilderbuch eine Seite herausgeschnitten habe. Als Erklärung gab Bennie an: »Sonst kann man doch den Laster dahinter nicht sehen!«
Irgendwie ermüdete mich das Anschauen der vielen Bilderbücher doch recht schnell und ich versuchte, diesen Zeitvertreib schnell zu beenden. Ich fragte daher meinen Papi: »Was bringt es einem eigentlich, wenn man etwas selber liest? Wir wollen nicht Bilderbücher angucken, sondern lieber Fernsehen. Da müssen ja die anderen Leute erzählen und nicht wir.« Er glaubte, mir ein plausibles Argument für das Lesen entgegenhalten zu können: »Sammie, als Schauspieler zum Beispiel muss man aber lesen können.« Doch ich hatte sogleich einen Gegenvorschlag parat: »Wir können es ja ohne Ton wie bei Mr. Bean machen, dann lachen die Leute trotzdem!«
Ich schaffte es jedenfalls, die Vorlesestunde zugunsten des Fernsehprogramms zu beenden. Als wir einschalteten, lief im Fernsehen gerade der Abspann: »Guck mal«, rief ich erstaunt, »da gehen die ganzen Buchstaben hoch!« Die anschließenden Nachrichten wollte ich aber nicht schauen, die waren ja kein Kinderprogramm. Ich bezog ohnehin mein aktuelles Wissen aus »Galileo« und der »Sendung mit der Maus«. Zum Glück fing kurze Zeit später das Familienprogramm am Samstagabend an. Papi fragte mich: »Schaust du den Anfang von ›Wetten, dass ...?‹« Ich war sehr zuversichtlich: »Ich habe in den letzten Nächten so gut geschlafen, da kann ich mir das mal erlauben.« Entspannt lehnte ich mich auf der Couch zurück und meinte zufrieden: »Bis eben habe ich den Abend gestaltet. Jetzt bin ich der Zuschauer.« Papi drehte sich zu Bennie um und fragte ihn: »Kennst du eigentlich ›Wetten, dass ...?‹?« Bennie hatte gleich eine passende Definition parat: »Ja, natürlich. ›Wetten, dass ...?‹ ist, wenn es zwei Leute sind, und der eine kann etwas Tolles, und der andere glaubt es ihm nicht.« Eigentlich hatte er damit ja recht.
Nach dem langatmigen Beginn der Show stand nun die erste Wette bevor. Aufgeregt rief ich: »Jetzt geht der Trubel los. Jetzt kommen die Kandidaten. Ich mag den Herrn Gottschalk.

Der weiß schon, wie man die Leute unterhält!« Und Bennie stimmte mir eifrig zu: »Sammie, das ist doch Geschmack nach deinem Programm!« Aber nach einiger Zeit fielen mir doch immer wieder die Augen zu und ich schlug daher vor: »Komm, wir machen jetzt den Fernseher aus, damit die Einschaltquoten sinken.«

Wir putzten schnell unsere Zähne und dann ging es ab ins Bett. Laut rief ich ins Wohnzimmer hinunter: »Fleißiger Mitarbeiter und Musikpädagogin, kommen Sie zum Gutenachtsagen!« Zuerst erschien Papi bei mir. Ich freute mich darüber, ließ ihn vorsichtshalber aber auch gleich wissen: »Ich habe dich lieb, Papi, aber die Mami hab ich noch einen Tropfen lieber.« Nebenan hatte sich Mami gerade bei Bennie ans Bett gesetzt und drückte ihn lieb. »Ich knautsch die Mami«, sagte er und: »Ich könnt' dich glatt vom Papi wegheiraten oder wir machen einen 3er-Heirater und werden berühmt.« Dann wurde ihm das Ganze zu viel: »Mami, ich bin hier doch nicht im Streichelzoo!« Auch Papi konnte es Bennie anschließend nicht recht machen, als er ihm ein »Muserchen« gab – so nennen wir es, wenn wir Wange an Wange drücken: »Papi, du hast mir wehgetan mit den ganzen Körnern, benutz' doch mal deinen Appasierrat!«

Dann setzte sich Papi genau zwischen unsere Kinderzimmer und begann, uns beiden eine Geschichte zu erzählen. Egal, wie müde wir auch waren, wollten wir nie ohne eine Gutenachtgeschichte einschlafen. Wir waren uns nie ganz sicher, ob Papi so viele verschiedene Geschichten kannte oder sich vielleicht jedes Mal eine neue für uns ausdachte. Dieses Mal erzählte er die Geschichte vom guten Flaschengeist:

»Habt ihr euch schon einmal gefragt, wer euch Tag für Tag beschützt, damit euch nichts passiert? Sicherlich, wir als Eltern passen gut auf euch auf, und auch der liebe Gott wacht darüber, dass euch kein Leid geschieht. Aber da ist noch jemand. Jemand, von dem ihr bislang vielleicht noch nichts gehört habt, der jedoch immer ganz in eurer Nähe ist – und zwar ist das der gute Flaschengeist Bartollo. Seit vielen Hundert Jahren lebt Bartollo in einer alten Weinflasche, in der sich schon längst

kein Wein mehr befindet, sondern eben Bartollo. Sein wacher Blick schweift ständig umher und beobachtet aufmerksam, was direkt um ihn herum, aber auch in der weiteren Umgebung passiert. Bartollo ist nämlich kein gewöhnlicher Geist. Oh nein, er verfügt vielmehr über die seltene Gabe, schon vorab zu ahnen, welcher Schaden demnächst auf Menschen oder Tiere zukommen wird. Um diesen Schaden noch rechtzeitig abzuwenden, drückt Bartollo mit all seiner Kraft langsam den Korken seiner Weinflasche empor, windet sich durch den engen Flaschenhals und teilt seine Ahnung einem lieben Schutzengel mit, der noch das Unheil abwenden kann.
Diese geheimnisvolle Flasche fand ein Bauer auf seinem Dachboden. Der Bauer wusste nicht genau, was es mit der Flasche auf sich hatte. Aber schon sein Großvater hatte ihm erzählt, dass es eine Zauberflasche sei. Deshalb holte der Bauer die Flasche vorsichtig vom Dachboden herab und schenkte sie seiner Tochter zur Hochzeit. Als die Braut mit ihrem Mann das Geschenk auspackte, vernahmen die beiden eine seltsame Stimme:

Der Flaschengeist sich mühsam windet,
durch den Hals zum Ausgang findet,
nun das Geschenk euch fest verbindet,
doch wird es flüchtig und verschwindet.
Als guter Geist bei euch jetzt wohnt,
im Flaschenhals für immer thront.
Von Ärgernis er euch verschont,
ein Blick nach ihm gemeinsam lohnt!

Kaum hatte der Flaschengeist diese seltsamen Worte gesprochen, da verschwand er auch schon wie ein Nebel in der alten Weinflasche und zog den Korken in den engen Flaschenhals hinab. Die beiden Eheleute sahen sich verdutzt an.«
Papi blickte uns beide an, aber Bennie war schon eingeschlafen. Ich meinte leise zu Papi: »Schau, da ratzt er, der Richard Ratzeputz. Und er träumt bestimmt davon, wie der Flaschengeist das junge Ehepaar aus deiner Geschichte beschützt!«

1.6 Ein geheimnisvolles Puzzle

Eines Sonntags hatten wir gerade gemütlich unser Frühstück beendet und begannen, den Tag zu verplanen. Mami hatte schon eine Idee: »Bennie, wollen wir denn heute mal in die Kirche gehen?« Doch Bennie lehnte diesen Vorschlag energisch ab: »Nein, das ist Verschwendung von Vormittag. Und außerdem bin ich noch so müde. Erst nach Mitteruhrnacht bin ich eingeschlafen. Ich könnte mich gerade wieder hinlegen.« Mir passte diese schlaffe Einstellung jedoch überhaupt nicht: »Bennie, du hast doch gerade erst geschlafen. Da musst du doch nicht anfangen, wieder müde zu sein.« Daraufhin nahm Mami ihn gleich in Schutz: »Bennie, du bist ja wirklich schon völlig am Ende.« Doch der nahm endlich seine Kräfte zusammen und antwortete: »Ich bin nicht am Ende, ich bin doch mittendrin.«
Schlafprobleme kannte ich selbst zum Glück überhaupt nicht und das tat ich allen auch gleich kund: »Ich habe bestens geschlafen. Das ist der Schlaf, den ich brauche. Und es hat wieder geklappt. Wenn ich abends nämlich bis zehn zähle, dann schlafe ich auch zehn Stunden. Ich habe übrigens geträumt, ich wäre auf der Titanic mitgereist. Ich bin aber natürlich 1. Klasse gefahren und wurde gerettet.« Bennie ist bei uns in der Familie der Kreative, für den es keine Probleme gibt. Und so war es auch in diesem Fall: »Ich hätte bestimmt eine Lösung gehabt, sodass das Schiff nicht untergeht«, sagte er. Doch das ließ ich nicht gelten und konterte: »Bennie, die Bastelsachen nützen dir nix, wenn das Boot untergeht!« Durch seine Geschicklichkeit und seine Ideen war Bennie zu meinem Leidwesen immer eine gewisse Aufmerksamkeit meiner Eltern sicher. Und so war es auch jetzt, denn Mami fragte ihn: »Wo hast du bloß diese Begabung mit dem vielen Basteln und Konstruieren her?« Und Bennie antwortete selbstbewusst: »Das habe ich von mir geerbt. Alles, was ich bastele, habe ich selber mit meiner eigenen Mühe gemacht.«
Mein Papi hatte mir gezeigt, wie man aus Papier eine Schwalbe falten konnte, die herrlich im Kreise segeln konnte. Zumindest in dieser Hinsicht hatte ich einen kleinen Wissensvorsprung,

den ich unbedingt behalten wollte. Als Mami mich bat, Bennie zu zeigen, wie man ein Flugzeug faltet, antwortete ich deshalb schroff: »Nein, das soll er doch selbst herausfinden!« Mami merkte, dass an diesem Tag wohl besser getrenntes Programm für uns beide angesagt war, und schlug deshalb vor: »Sammie, willst du nicht mit Bobopa am Waldrestaurant weiterbauen?« Das war die rettende Idee und Bobopa kam auch gleich zu uns, um mich abzuholen.

Eines meiner Lieblingsthemen während unserer Wanderungen waren natürlich meine geliebten Furbys, für die wir das Waldrestaurant eigentlich gebaut hatten und die ich gerne auch dorthin mitnahm. Ich hatte ihnen eigentümliche Namen gegeben, aber in der Furby-Welt war eben auch alles etwas anders. Sie hießen zum Beispiel Hinhilli, Kiasom oder Penki und waren für mich wie richtige Lebewesen mit unterschiedlichen Eigenschaften. Ich erzählte Bobopa: »Manchmal wünsche ich mir, selbst ein Furby zu sein und mit all meinen Furbys im Waldrestaurant ungestört zu leben. Ich möchte eigentlich gar nicht erwachsen werden.« Bobopa lachte und antwortete: »Das kann ich gut verstehen. Wichtig ist, dass du für dich deine Zeit immer gut nutzt. Um dich immer wieder einmal zurückzuziehen und darüber nachzudenken, ist unser schönes Waldrestaurant hier sicherlich der beste Ort.« Doch ich wollte es damit noch nicht bewenden lassen: »Was muss man denn eigentlich alles wissen, um irgendwann erwachsen zu sein? Oder ist man automatisch erwachsen, wenn man achtzehn Jahre alt wird?« Bobopa wirkte nachdenklich, als er mir antwortete: »Erwachsen ist man eigentlich erst dann, wenn man erkannt hat, worauf es im Leben für sich selbst ankommt. Manche Menschen erkennen dies früher, andere später.« »Was meinst du damit genau?«, wollte ich wissen. »Das ist nicht einfach zu erklären«, antwortete Bobopa. »Jeder Mensch muss für sich herausfinden, was ihm wichtig ist, wofür er leben und woran er glauben will. Danach sollte er dann sein Leben ausrichten. Natürlich gibt es Regeln und Grenzen, die jeder Mensch akzeptieren muss oder zumindest sollte. Aber viele Ansichten sind nicht von vornherein richtig oder falsch,

sondern passen in einer Situation oder in einer bestimmten Zeit besser oder schlechter. Dafür musst du im Laufe der Zeit ein Gespür entwickeln. Aber ich habe schon eine Idee, wie ich dir helfen kann, für dich zu erkennen, worauf es ankommt. Lass dich überraschen!« Nach diesen geheimnisvollen Worten, die mich sehr neugierig gemacht hatten, schritt er durch das unwegsame Gelände hinab ins Tal und ich folgte ihm nachdenklich.
Wie jedes Jahr im Frühling stand auch in diesem Jahr Bennies Geburtstag wieder vor der Tür. Gemeinsam mit Papi saßen wir gerade in unserem Hobbykeller, in dem wir unsere elektrischen Eisenbahnen aufgebaut hatten – Bennie in der kleinen Spurbreite »N«, ich dagegen in der größeren, klassischen Ausführung »HO«. Bennie spielte sehr gerne mit seinen Zügen und bot mir an: »Willst du auch mal einen fahren lassen?« Das war nett gemeint, denn normalerweise spielten wir auf unseren Bahnanlagen zwar nebeneinander, aber nicht unbedingt miteinander. Schon brachte Bennie das Gespräch auf seinen Geburtstag: »Papi, kommst du mit zum Eisenbahngeschäft? Der Bobopa kennt ja nicht den Unterschied zwischen digital und undigital.« Alles drehte sich eben in diesen Tagen um ihn und seine Geburtstagswünsche. Dabei hätte ich auch gut eine neue Eisenbahn gebrauchen können. Deshalb fragte ich Papi: »Kann ich mir zur Hochzeit die ›Schweizer Krokodil-Lokomotive‹ wünschen?« Doch Papi reagierte erstaunt: »Du fährst mit deiner Eisenbahn doch schon als 10-Jähriger nicht mehr die Furbys im Kreis herum, oder?« »Nein«, antwortete ich, »im Oval!« Aber ich war sicher, dass Papi meine Eisenbahn weiterhin unterstützen würde, denn er war wie ich im Fanclub von HO, auch wenn nicht als Vorsitzender.
Am Vorabend von Bennies Geburtstag bereiteten meine Eltern feierlich den Geschenktisch vor. Dann war Bennies großer Tag endlich gekommen. Gleich nach dem Aufstehen kamen wir alle vier vor der großen Treppe im Obergeschoss zusammen, dann gab Bennie das Startsignal: »Von mir aus können wir uns aufstellen!« Es ist bei uns nämlich ein Ritual, dass die ganze Familie am Geburtstag, das Geburtstagskind vorweg, hintereinander

die Treppe hinunter ins Wohnzimmer zu dem Geburtstagstisch marschiert. Der liebevoll gestaltete Gabentisch verwandelte sich dann schnell in ein Schlachtfeld aus Geschenken und Papier. Wir Kinder schenkten uns an Geburtstagen aber untereinander nichts und das stellte ich auch sicherheitshalber nochmals klar. Bennie machte das aber überhaupt nichts aus und er entgegnete mir: »Sammie, ich schenke dir eh schon sechs Jahre lang nichts zu deinem nächsten Geburtstag. Bald kommt das siebte Jahr.« Anschließend setzten wir uns an den mit Kerzen festlich gedeckten Frühstückstisch. Um die Feierlichkeit noch zu erhöhen, schlug ich vor: »Wir nehmen heute nicht den ollen Brotkorb. Ich will's heute mal ein bisschen schöner haben.«
Nach der Schule überlegten Mami, Bennie und ich gemeinsam, wie wir den Geburtstag am besten feiern wollten. Das Wetter im April war meistens so schlecht, dass Bennies Geburtstage immer erst einige Wochen später mit seinen Freunden nachgefeiert wurden. Da mir mein eigener Geburtstagsmonat September aber auch nicht so richtig passte, meinte ich: »Ich will im Juli Geburtstag haben. Kann ich wechseln?« Das Thema fand aber keinen Anklang, denn zunächst einmal hatte Bennie Geburtstag. »Gute Nachricht, Bennie«, sagte Mami, »Lukas hat zugesagt, er kommt zu deinem Geburtstag.« Doch Bennie war empört: »Den habe ich doch gar nicht eingeladen!« Einen süffisanten Kommentar konnte ich mir dann aber doch nicht verkneifen: »Der Bennie ›wirft‹ eine Party, ja, ja. Ich könnte mich ergötzen an deinen Partys, wenn die nichts werden ...!«
Um unserem Gespräch dann aber doch eine zumindest etwas konstruktivere Wendung zu geben, schlug ich als Nachmittagsprogramm vor: »Den Bobopa laden wir ein. Die Moma laden wir nicht ein, denn auf die habe ich heute keine Lust. Sie soll zu Hause bleiben mit Tür zu.« Es kamen dann aber doch beide zum Kaffeetrinken zu uns nach Hause. Bobopa gratulierte als Erster dem Geburtstagskind und meinte: »Bennie, ich schenke dir das Kostbarste, was ich habe, nämlich Zeit. Du bekommst einen Gutschein für einen gemeinsamen Ausflug.«
Bei uns ist es an Geburtstagen von Bennie und mir üblich, dass

derjenige von uns, der nicht Geburtstag hat, ein kleines Trostgeschenk bekommt. Für diesen Zweck kaufte Bobopa für jeden von uns ein knallrotes Holzsparschwein, das er im Laufe des Jahres immer mit Geld füllte, wenn wir etwas besonders Gutes getan hatten. Am Geburtstag fand für uns beide die Leerung statt und erstaunlicherweise enthielten die Schweinchen an diesem Tag immer exakt den selben Betrag. Bislang hatte jedoch noch niemand über dieses Thema auch nur ein Wörtchen verloren. Deshalb überlegte ich schon, meine wichtigsten Sachen zusammenzupacken und auszuziehen. Aber vielleicht doch nicht gleich, denn meinen Geburtstag wollte ich lieber noch abwarten. Aber zumindest anschneiden musste ich das Thema »Trösterchen«: »Bobopa«, meinte ich mutig, »bevor wir spazieren gehen, sollten wir zuerst das Finanzielle regeln!«
Doch meine anfängliche Sorge, vergessen oder benachteiligt zu werden, erwies sich als unbegründet. Bobopa hielt in der Hand ein flaches Päckchen. Er kam zu mir und lächelte mich an: »Dir, lieber Sammie, habe ich ein ganz besonderes Geschenk mitgebracht.« Ungeduldig riss ich das Geschenkpapier auf und fand in einer bunten Schachtel sieben kleine Plättchen in einfachen geometrischen Formen, wie z. B. einem Quadrat oder verschiedenen Dreiecken. Jedes dieser Plättchen war ein kleiner Spiegel.

Fragend schaute ich Bobopa an, der mir sogleich erklärte: »Ich hatte dir doch neulich am Waldrestaurant versprochen, etwas zu geben, damit du erkennst, worauf es im Leben wirklich ankommt. Dieses Tangram-Spiel wird dir dabei helfen. Tangram ist ein altes chinesisches Legespiel, das schon mehrere Tausend Jahre alt ist. Hast du schon einmal davon gehört?« Ich schüttelte den Kopf. »Aus diesen Plättchen können zahllose Formen gelegt werden, die dann umrissartig Tiere, Schiffe oder andere Gestalten zeigen«, fuhr er fort. »Dazu müssen alle sieben Teile verwendet werden, wobei sie aber nicht übereinandergelegt werden dürfen.« »Das ist ja interessant, wer denkt sich denn so etwas nur aus?«, fragte ich Bobopa. »Der Legende nach beauftragte ein Mönch einst seinen Schüler, zu reisen, um die vielfältige Schönheit der Welt auf nur eine Keramiktafel zu malen. Unglücklicherweise zerbrach aber die Tafel in sieben Teile und der Schüler konnte sie nicht mehr richtig zusammenlegen. Er versuchte es tagelang. Und so entstanden unendlich viele Muster und Bilder. Am Ende verstand der Schüler: Er musste nicht in die Welt hinaus reisen. Er konnte die Schönheit und Vielfalt der Welt ganz einfach in den sieben Teilen der zerbrochenen Tafel wiederfinden.«

Ich begann, die Teile in verschiedenster Weise anzuordnen, konnte aber in den gelegten Umrissen keinerlei mir bekannte Form erkennen. Bobopa merkte mir an, dass ich zwar das neue Puzzle schön fand, aber noch nicht ganz verstanden hatte, was er mir mit diesem Geschenk sagen wollte. »Sammie, das neue Legespiel wird dir die Augen öffnen: Du wirst die Schönheit der Welt darin entdecken und auch die Tugenden, auf die es im Leben ankommt. Und – du wirst dich selbst erkennen und besser verstehen lernen. Mit diesem Tangram-Spiel möchte ich dir etwas Bleibendes schenken, dessen Wert du vielleicht erst später erkennen wirst. Es ist viel wertvoller als Geld und wird dich hoffentlich dein ganzes Leben lang begleiten!« Mit diesen Worten wollte er sich mit Moma auf den Weg nach Hause machen und klopfte mir zum Abschied freundschaftlich auf die Schulter: »Mach's gut und bleib, wie du bist, Alter.« Da wollte ich es ganz genau wissen: »Ja, wie bin ich denn?« »Um das zu erkennen, hast du ja jetzt dein Tangram!«, war seine Antwort. Und übrigens: Die gefüllten Sparschweinchen erhielten wir trotzdem von Bobopa, denn er hatte sie zuvor noch heimlich auf dem Geschenktisch versteckt!

Teil 2:
Mit großen Schritten ging's voran

2.1 Von Liebe und Geborgenheit, von Nähe und Abstand

Mami, weißt du, wie man gute Träume kriegt?

Schon lange hatte ich mich auf diesen Tag gefreut, endlich war es nun soweit: Bei »Tep Repus«, einem großen Zoogeschäft, wollten uns meine Eltern zwei Kaninchen kaufen. Als ich aus der Schule kam, konnte ich es kaum abwarten und fragte: »Habt ihr etwa eine Überraschung geplant und die Viecher quieken schon im Keller herum?« So schnell ging es dann aber doch nicht. Im Laden endlich angekommen, suchten wir aus den vielen kleinen Kaninchen ein süßes Paar aus und setzten es zu Hause im Garten in den großen Stall. Leider stellte die Tierärztin am nächsten Tag jedoch fest, dass wir zwei Männchen erworben hatten. Bennie hatte zwar gleich einen Lösungsvorschlag parat: »Wir können doch den Lucio zu einer Frau machen. Wie heißt das doch? Kastrallation?« So weit kam es aber nicht, denn wir tauschten einfach den schwarzen Lucio gegen eine schwarze Lucy um. Der Knaller aber war Hommi, das braun-weiße Kaninchen, das sich als ein »treues Gefährt« herausstellte und sehr zutraulich war.

Des Öfteren weckte uns Hommi durch seine nächtlichen Aktivitäten im Stall auf. Mir machte es aber nichts aus, mitten in der Nacht aufzustehen, um nach meinem Lieblingskaninchen zu schauen. Ich versicherte meinen Eltern: »Für den Hommi könnt ihr mich auch nachts immer wecken.« Als wir vor dem Stall standen, der durch das Terrassenlicht angeleuchtet wurde, knabberte Hommi gerade die neue Holztür seines Käfigs an. Ich meinte zu meinem Papi: »Siehst du, wie aggressiv der Hommi da vorgeht? Ja, ja, Hommi, tagsüber wird Winnie Puh gespielt und nachts die Ballerspiele … Und schau mal, Papi, was er jetzt

macht – der Hommi schiebt völlig frustriert die nassen Pellets durch die Gegend!« Ich wurde manchmal den Eindruck nicht los, dass Hommi vielleicht einmal zum Psychiater gehen sollte, damit seine Vergangenheit mal so richtig aufgearbeitet werden konnte. Wenn Hommi seine kleinen Rappel hatte, fiel er für mich im Haustier-Ranking auf Platz 4 zurück, dann noch hinter unsere beiden Wellensittiche und sogar noch hinter Lucy. Einige Tage später erkundigte sich Papi bei mir: »Geht es dem Hommi gut?« Zum Glück konnte ich ihm bestätigen: »Ja, Hommi ist wieder der Alte seit meinem Gespräch mit ihm am Dienstag.«
Hommi entwickelte sich insgesamt prächtig und spielte auch in allen Tischgesprächen bei uns eine große Rolle. In meiner Fantasie glaubte ich fest daran, dass der Hommi eigentlich ein reicher, russischer Geschäftsmann sei, der Milliarden-Deals in der Mittagspause machte. Herrlich. Wenn man so viel Geld wie der Hommi hat, kann man sich alles gönnen. Dann braucht man bei den Fernsehern nicht mehr auf die Preisschilder zu achten.
Aber es gab auch Zeiten, in denen ich mit meinen Kaninchen nicht besonders glücklich war. Und dann beklagte ich mich bei Mami und Papi: »Der Hommi wird immer dicker und langweiliger. Die Lucy sitzt nur scheu in der Ecke und verfrisst das ganze Geld. Die Lucy ist ein Flop. Können wir sie nicht verschenken und ein neues Kaninchen an Land ziehen?« »Könntest du dich wirklich von Lucy trennen?«, fragten meine Eltern erstaunt. »Nein, eigentlich doch nicht«, antwortete ich nach kurzem Überlegen, »ansonsten schreibt Lucy einen bitterbösen Leserbrief in der ›Kaninchen aktuell‹!«
Viel Abwechslung hatte ich dagegen mit »Mu« und »Herrn Tie«, die schon richtige Youngtimer unter den Sittichen waren. Von den beiden konnte Herr Tie am lautesten zwitschern, sodass ich mich manchmal wunderte: »Wie der Herr Tie herumschnauzt – wie das Ordnungsamt!« Meine Lieblingsbeschäftigung mit Wellensittichen war es, ihnen eine Holzstange hineinzuhalten, auf die sie sich sogleich zutraulich setzten – Busfahren nannte ich das. »So, jetzt kommt der Bus, Herr Tie«, lockte ich. Nach einiger Zeit jedoch ließen sich die beiden leider nicht mehr darauf ein und

ignorierten die Stange. Ich fragte enttäuscht: »Herr Tie, sind Sie sich jetzt zu fein für die öffentlichen Verkehrsmittel?«

Bei zwei Kindern im Hause bleibt es nicht aus, dass immer einmal eines von beiden krank wird. Und manchmal steckten wir uns auch noch gegenseitig an. Wie gut war es da, dass sich Mami immer so lieb um uns kümmerte. Den Bennie hatte es wieder mal erwischt. Der ließ auch keine Runde aus. Mami stellte fest: »Wahrscheinlich hast du dich im Kindergarten angesteckt. Huste aber bitte in die Hand!« Bennie rechtfertigte sich sogleich: »Die anderen Kinder im Kindergarten halten beim Husten auch nicht die Hand vor den Mund. Die schleudern den Rotz einfach so durch den Kindergarten!« Als ich sah, dass sich Mami und Papi daraufhin einen Mundschutz umlegten, erkundigte ich mich vorsichtshalber: »Habt ihr auch ein Kindervisier für mich?«
Bennie musste viel Zeit im Bett verbringen. Plötzlich wollte er sogar seinen alten Loll – so nennt er seinen Schnuller – wieder haben. Warum? Weil der so saftig sei! Mami saß oft an Bennies Bett. Einmal streichelte sie ihn lieb und fuhr ihm dabei über eine fast verheilte Wunde. Bennie fragte genervt: »Musst du auf meiner Wunde mit dem Finger langfahren wie bei Malen nach Zahlen? Ich will den Schorf wieder dranmachen. Der liegt sonst irgendwo im Haus herum und wir finden ihn nicht mehr.« Mit seiner Erkältung wurde und wurde es aber nicht besser. Eines Nachts wachte ich auf, weil in seinem Zimmer noch Licht brannte, und ich fragte ihn: »Weshalb sitzt du denn noch im Bett? Er antwortete: »Im Sitzen kann ich die Mami lauter rufen, im Liegen rufe ich den Papi.« Aber auf sein Rufen hin kam zunächst nicht Mami, sondern Papi an sein Bett. Doch der wurde frostig empfangen: »Nicht du, geh weg, die Mami soll kommen.« »Aber Bennie, es ist doch mitten in der Nacht.« Doch Bennie ließ trotz seines Fiebers nicht locker: »Papi, du gehst raus und die Mami kommt zu mir. So machen wir das.« Als dann endlich Mami kam, fragte sie mitleidig: »Bennie, was macht denn dein Bauch?« Bennie antwortete kleinlaut: »Schon ganz schön gut, aber es tut immer noch irre weh … Aber ich habe so großen Hunger!« Und dann

gab er ihr einen kleinen Zettel, auf den er folgende Bestellung geschrieben hatte:

1 Banane
1 Stück Mandelkuchen
5 Scheiben Wurst und
1 Brot mit Butter und Tomatenmark, in kleine Büffchen geschnitten
Jetzt hol's auch, ich hab's schließlich nicht zum Spaß geschrieben!

Am nächsten Morgen saß ich mit Mami und Papi am Frühstückstisch und schaute aus dem Fenster: »Wie viel Grad sind es draußen?« »10 Grad.« Ich stieß einen kurzen Jubelschrei aus: »Juhu … kurze Hose!« Ich gehe nämlich gerne mit kurzen Hosen nach draußen. Denn an den Beinen ist doch nichts zum Krankwerden. Am Oberkörper dagegen sind die Bronchien und die Nieren. Leider erwischte es mich dann doch, obwohl das sicherlich eher daran lag, dass ich mich bei Bennie angesteckt hatte. Jedenfalls bekam ich eine saftige Erkältung und musste auch ins Bett. Ich hatte also viel Zeit für meine geliebten Onkel-Don-Hefte und ihre netten Geschichten mit Dagobert Duck.

Papi kam zum Fiebermessen zu mir und stellte fest: »Das Fieber ist heruntergegangen.« Ich schaute an mir herunter und wunderte mich sehr: »Wo ist es denn hingegangen? Ich habe eben noch gefurzt, deshalb glaube ich der Fiebermessung sowieso nicht.« »Sammie, ich lüfte mal ein bisschen in deinem Zimmer.« Dieser Vorschlag gefiel mir gut: »Ja, sonst ist die Luft so unbequem, das wollen wir ja nicht.« Dann wollte Papi wissen, wonach der weiße Hustensaft schmeckte. Das konnte ich ihm gleich sagen: »Der schmeckt weiß!«

Am nächsten Morgen wachten meine Eltern gerädert auf, kein Wunder bei zwei gleichzeitig kranken Kindern, von denen eines – in diesem Falle leider ich – auch noch Durchfall bekommen hatte. Doch die Müdigkeit meiner Eltern ließ ich nicht gelten: »Ich hatte auch keine richtige Nacht. Ich habe ja auch alles miterlebt.« Da wir nun schon mehrere Tage krank waren, beschlossen wir, doch zum Kinderarzt zu gehen. Als wir dort vor der Eingangstür standen, meinte Bennie rücksichtsvoll: »Soll ich mal sagen, was ich irgendwie sagen würde? Wir klingeln nicht extra, das ist Klingelverschwendung.« Das Wartezimmer war zum Glück leer, sodass wir sogleich von der Ärztin untersucht wurden. Ich war jedoch leicht beunruhigt und bat sie: »Aber nicht so tief ins Trommelfell. Nicht, dass Sie es mir kaputt machen.« Die Ärztin wollte ablenken und begann mit leichter Konversation: »Wohin fahrt ihr denn in den Sommerferien?« »Nach Cuxhaven.« »Ich fahre auch an die Nordsee«, meinte sie, »und zwar nach Baltrum.« Da konnte ich mir nicht verkneifen, ihr zu antworten: »Na, da ist der Urlaub sowieso ›bald rum‹, oder?«

Wie auch immer, die Behandlung hatte uns geholfen, wieder gesund zu werden. Bennie saß in seinem Bett und stellte glücklich fest: »Ganz schön guter Witz – die Mami liest und liest in ihren Gesundheitsbüchern und ich komm' einfach herunter und sag, es ist weg!« Schon am Nachmittag wollten wir beide im Garten Fußball spielen. Mami mahnte zur Vorsicht: »Sammie soll nicht zu sehr toben, da er noch nicht völlig gesund ist.« Doch Bennie hatte die Lösung: »Wir schießen ganz

ruhig in die Tore!« Am nächsten Tag sollte ich dann wieder in die Schule gehen und bat Mami daher sicherheitshalber: »Gib mir für morgen lieber noch eine zweite Entschuldigung mit, bei Beamten kann man nie wissen.«
Es war Sonntag und es regnete. Und zwar so richtig kräftig und vor allem lange. Mami, Papi, Bennie und ich saßen am Küchentisch und überbrückten das schlechte Wetter durch Rätselraten. Ich fand es herrlich, wenn die ganze Familie zusammensaß und Zeit hatte. Das war leider selten genug. Die erste Frage ging an Bennie: »Was ist ein Poller?« Bennie versuchte zu definieren: »Da holt man ein Seil, trullert es drum und dann fährt das Schiff gar nicht los!« »Und nun du, Sammie, weißt du, was ein Rechtsanwalt macht?« »Der wohnt rechts am Wald«, lautete meine Antwort. Papi fragte in die Runde: »Umschreibt doch das Wort ›Eilbrief‹.« Mami versuchte es zuerst: »Eine Postsendung, die schnell ankommen soll.« Doch bei solchen Sachen kenne ich mich in unserer Familie am besten aus: »Amazon Overnight Express!« Und weiter ging es. Ein Frisiergerät mit vier Buchstaben? Ich überlegte nicht lange und rief: »Ich weiß es, ein Mofa!« »Jetzt eine Frage an euch beide«, meinte Papi zu uns: »Woraus wird Butter gemacht?« Ich war etwas schneller als Bennie und nahm die Antwort vorweg: »Aus Milch und gelber Farbe.« »Jetzt stell' du doch einmal eine Rätselfrage«, forderte mich Papi auf. »Was ist das, man kann es in die Wand klopfen, es ist grau und mehr gibt's nicht dran!« Das war meine Definition von Nagel. Dann war Bennie an der Reihe: »Welches Instrument spiele ich jetzt? Es fängt vorne mit ›Trom‹ an und hört mit ›pete‹ auf.« Die nächste Frage ging an Bennie: »Wofür brauchst du deine Nase?« Seine Antwort kam wie aus der Pistole geschossen: »Für den Schnupfen.« Die letzte Frage stellte Papi an mich: »Wie heißt die Hauptstadt von Australien?« Auch hier konnte ich glänzen: »Cranberry!« Ich bin eben ein toller Hecht. Plötzlich behauptete jedoch Bennie: »Ich habe gewonnen.« Doch das ließ ich nicht gelten: »Nein, du hast nicht gewonnen, du hast das Ende gar nicht mehr mitgekriegt!«

Besonders wichtig war Bennie und mir, dass sich Mami und Papi abends genug Zeit nahmen, wenn sie uns Gute Nacht sagten. Einmal rief Bennie nach Papi, aber der hatte das Rufen offenbar nicht gehört. »Dann sag' doch, dir sei kotzübel!«, riet ich ihm. Doch ich wurde auch unruhig: Wo blieb denn meine warme Milch so lange? Meine Devise ist nämlich: Man muss den Service ausnutzen. Endlich kam Papi – leider ohne meine Milch – an mein Bett und ich sagte zu ihm: »Papi, ich habe solchen Hunger. Wie kann ich essen, ohne hinunterzugehen? Und bring mir auch etwas zu trinken mit – bevor es heute Nacht wieder losgeht.« Als ich endlich gesättigt war, rief ich zufrieden wie jeden Abend von der Treppe aus hinunter ins Wohnzimmer: »Gute Nacht, ich schlafe jetzt. Gute Nacht, Hommi, gute Nacht, Lucy, gute Nacht, Mu und gute Nacht, Herr Tie.« Mami antwortete gleich: »Gute Nacht, lieber Sammie!« Zum abendlichen Ritual gehörte auch meine anschließende Frage: »Von wem war das?« »Von Herrn Tie!« Und genauso erstaunt wie immer antwortete ich: »Oh, Herr Tie. Und morgen wachen alle wieder auf, alle Menschen und Tiere.« Da Bennie noch immer in seinem Zimmer mit Lego raschelte, kam Mami nochmals zu ihm hoch und räumte das gesamte Lego aus seinem Bettchen. Ich hörte, wie Bennie daraufhin trotzig meinte: »Wenn du draußen bist, räum' ich sowieso alles wieder rein.« Aber dann wurde er doch einsichtig und legte sich ins Bett: »Mami, weißt du, wie man gute Träume kriegt? Man muss www.Kopfkissen.de anklicken …« Am nächsten Morgen ging Bennie als allererstes zu Mami ans Bett: »Mami, ich wollte eigentlich nur fragen, wie's dir geht, und meinen schönsten Traum erzählen, mehr will ich nicht. Ich bin mit Bobopa ins Haus Raphael gegangen und habe Uromi besucht.« Daraufhin war Mami natürlich sehr gerührt und sagte: »Bennie, wenn man dich anschaut, dann geht die Sonne auf!« Und der erwiderte: »Und wenn ich dich angucke, dann geht der Mond auf!« Die Mamis hören solche Sätze gerne. Sie zu sagen, fällt mir aber schwer, ich bin da eher der direkte Typ.

Wie kann ich mich wieder heraussteigern?

Allmählich fingen wir an, die Leine für unsere Eltern etwas länger werden zu lassen. Eltern und insbesondere die Mütter brauchen anscheinend ab und zu etwas Freiraum – wir sagen »Holy« dazu. Was das genau ist? Bennie hatte es genau beschrieben: »Holy ist, wenn die Frauen alleine sind und die Männer nicht da sind. Ich kann keinen Holy nehmen, weil ich keine Frau bin.«

Wir wollten aber, dass sich unsere Eltern zumindest nicht zu weit von unserem Haus entfernten. Mami wusste das und rief mir deshalb zu: »Sammie, der Papi und ich spielen jetzt im Hof Federball, wir sind ganz in der Nähe. Wenn ein Notfall eintritt, könnt ihr rufen.« So ganz geheuer war es mir aber doch nicht: »Nur damit wir es wissen ... Nehmt ihr das Handy mit?« Als besonderen Holy erlaubten wir Mami sogar, nachmittags alleine für eine Stunde zu einer Nachbarin zum Yoga zu gehen. Abends wollte Papi dann wissen: »Na, hast du dich denn entspannt?« Da ich wusste, was er nicht wusste, antwortete ich schnell: »Bei den Preisen nicht!«

Dann kam aber doch der Abend, als Mami und Papi zum ersten Mal seit Langem wieder ausgehen wollten, um Freunde in einem anderen Ort zu besuchen. Auch Bennie erschien mir etwas beunruhigt, als er Mami fragte: »Wo seid ihr eingeladen?« »Bennie, wir fahren gleich zu Susanne und ihrem Mann. Du kennst doch Susanne vom Gänseessen.« Aber Bennie konnte mit dem Namen »Susanne« wenig anfangen: »Aber jetzt kenne ich sie langsam nicht mehr.« Die Stunde des Abschieds kam offensichtlich näher und näher, denn Mami machte sich schick. Ich meinte, dass nun die Zeit für ein kleines, aufmunterndes Lob gekommen sei. »Och, hast du dich aber butzig gemacht ...«, sagte ich zu Mami und fasste vorsichtig ihre Strumpfhose an: »Wer kann eigentlich so etwas nähen?« Mami hatte extra für Susanne einen Blumenstrauß im Wert von über 10 Euro besorgt. Anerkennend meinte ich daher zu Mami: »Dafür kannst du aber auch einiges erwarten!«

Wir hatten vereinbart, dass Bobopa auf uns aufpassen sollte und dafür Mami und Papi bis spätestens um 23.00 Uhr wieder zu

Hause sein würden. Und tatsächlich, Bobopa stand um 19.30 Uhr auf die Minute pünktlich vor der Haustür, sodass Mami die Übergabe besprechen konnte. Wahrscheinlich um sich selbst ein wenig Mut zu machen, sagte sie zu uns: »Satt müsstet ihr ja eigentlich sein.« Doch ich hielt gleich dagegen: »Kaum seid ihr raus, kommen die Bruzzler in die Pfanne ... War nur ein Spaß ...« Mami sagte: »Ihr kommt bestimmt gut zurecht. Und wir kommen rechtzeitig zurück, das verspreche ich euch. Was man verspricht, muss man auch halten.« Ich folgerte daraus: »Und was man nicht verspricht, muss man nicht halten.« Am schlimmsten fand ich den Moment des Abschieds. Wenn die Eltern weg waren, ging es meistens viel besser. Bennie sagte: »Tschüss, kleine Kuschelmami.« Und ich bat sie noch: »Mami, kannst du ›Schlaf gut, lieber Sammie' sagen?« Dann aber stiegen sie ins Auto und fuhren los.

Bobopa schaute gleich mit Bennie ein Bilderbuch an, um ihn abzulenken. Ich zog mich müde in mein Zimmer zurück. Als Bobopa um 20.06 Uhr in mein Zimmer kam, schreckte ich hoch und meinte zu ihm: »Ich hab schon ein bisschen geschlafen.« Danach konnte ich aber nicht mehr einschlafen und wurde immer unruhiger, da ich befürchtete, zu wenig Schlaf zu bekommen. Doch Bobopa beruhigte mich: »Sammie, steigere dich doch nicht so hinein.« Ich wollte es genau wissen: »Wie kann ich mich denn wieder heraussteigern?«

Es wurde für mich ein langer Abend, Mami kam und kam nicht. Ich wollte von Bobopa wissen: »Warum feiert die Mami so lange?« Bobopa erklärte mir: »Die Mami kann bei der Feier doch nicht als Erste gehen.« Das leuchtete mir nicht ein: »Wenn niemand als Erster geht, dann bleiben alle die ganze Nacht!« »Sammie«, meinte Bobopa zu mir, »es ist sehr wichtig, dass Eltern auch einmal ohne ihre Kinder etwas unternehmen können. Wenn sich nur noch alles um die Kinder dreht, werden sich Mami und Papi ja irgendwann fremd.« »Aber sie müssen ja nicht gerade heute so lange wegbleiben«, gab ich zu bedenken. Doch er antwortete mir: »Eure Eltern nehmen sich ansonsten sehr viel Zeit für euch beide. Zeit, die man sehr bewusst miteinander verbringt und genießen kann, ist etwas sehr Wertvolles. Viele Menschen leben zwar miteinander, aber nicht füreinander.« »Was meinst du damit?«, fragte ich ihn. »Ihr beide seid das Allerwichtigste für eure Eltern. Mami und Papi haben für euch beide hier ein großes, schönes Nest aufgebaut, das euch viel Liebe, Vertrauen und Sicherheit bietet. Solch ein Nest zu haben, ist nicht selbstverständlich. Trotzdem müssen die Eltern das Nest ab und zu verlassen. Das ist übrigens bei den Igeln auch so.« »Wieso denn bei den Igeln?«, fragte ich neugierig. »Ja, kennst du denn nicht das Gedicht vom Igelpaar? Das geht so:

Der Igel liebt die Igelfrau,
das weiß die Igelfrau genau.
Gern kriecht sie zu dem Igelmann –
so nah man das bei Igeln kann.
Ist der Abstand gar zu klein,
schreit einer laut: ›Lass das doch sein!‹
Ist der Abstand gar zu groß,
hört man nur: ›Wo bleibst du bloß?‹
Wärme bieten – Abstand finden,
ein Leben lang gar treu sich binden.
Durch dick und dünn gemeinsam geh'n –
ein Leben lang sich gut versteh'n.«

Aufmerksam hatte ich seinem schönen Gedicht gelauscht. Ich hatte wohl verstanden, was Bobopa mir mit dem Text sagen wollte, nur – jetzt war ich erst einmal hellwach. An Schlafen war überhaupt nicht mehr zu denken. Um mich abzulenken, schlug Bobopa vor, doch die Tangram-Plättchen herauszuholen und zur Ablenkung einige Formen zu legen. Bobopa schob die Teile hin und her und hatte plötzlich eine Anordnung gefunden, die ich erkannte, meinen lieben Hommi.

Plötzlich klingelte das Telefon. Bennie hatte anscheinend auch noch nicht fest geschlafen, er stürmte jedenfalls aus seinem Zimmer und schnappte sich den Hörer. »Sammie«, berichtete er, »die Mami kommt gleich mit dem Auto, sie ist im Moment in der Nähe vom Gasthaus Wolf!« »Was macht sie denn da?«, fragte ich. Bobopa schaute Bennie an und fragte ihn: »Freust du dich, dass die Mami gleich kommt?« »Ja, ich habe glücklich«, lautete die beruhigte Antwort. Es war doch schön, wenn alle aus der Familie wieder zu Hause waren, dann konnten wir beruhigt einschlafen.

2.2 Von Respekt und Toleranz, von Hilfsbereitschaft und Freundschaft, von Vertrauen und Treue

Ich will den Tisch nicht mit aufräumen. Immer sind wir die Dummen!

Wir hatten wieder einmal Ferien und saßen morgens gemeinsam am Frühstückstisch. »Ihr könnt euch doch heute mal mit Freunden verabreden«, schlug Mami vor. Ihr graute manchmal vor den Ferien, da wir am liebsten jeden Tag mit ihr Programm machten. Ich stellte aber erst einmal klar: »Bis jetzt ist meine Bilanz sehr gut. Ich hatte erst einen Ferientag und war schon einmal verabredet. Ich versuche, mich heute wieder zu verabreden. Jetzt um 11 Uhr habe ich noch gute Chancen!« »Was ist denn mit Mario? Ist er im Urlaub?«, fragte mich Mami. Bennie gab gleich seinen Senf dazu: »Nein, er ist bestimmt verreist.« Wie so oft waren alle Freunde schon im Urlaub, sodass Mami weiterhin in der Pflicht stand, uns zu bespielen. Mami entdeckte in der Zeitung die Kritik zu einem Konzert, in dem sie vor einigen Tagen abends gewesen war – als ein weiterer Holy. Laut las sie den Zeitungsartikel vor, der kein gutes Haar an dem Orchester übrig ließ. Ich schlug voll Interesse vor: »Mami, wir könnten doch auch mal ins Konzert gehen und laut ›Buuuuhh‹ rufen!« Mami lachte und sagte: »Ich weiß, warum der Pianist so schlecht spielte. Er hatte so wenig Licht, dass er im Halbdunkeln die Tasten seines Klaviers kaum sehen konnte.« Hierfür hatte ich nun überhaupt kein Verständnis: »Warum ruft der Pianist denn nicht, dass sie es ihm heller machen? Wie blöd ist der denn, dass der sich nicht durchsetzen kann?« Ich stellte mir aber noch eine andere, viel grundsätzlichere Frage: »Wem nützt es eigentlich, wenn jemand eine Musikkritik schreibt? Das Stück wird doch niemals noch einmal genauso wieder gespielt.«

Das Beste an der Zeitung in den Sommerferien waren die Ferienspieltipps. Wer rechtzeitig bei der Zeitung anrief, konnte nämlich am nächsten Tag kostenlos an interessanten Ausflügen oder Besichtigungen teilnehmen. Bennie hatte den Hörer als Erster in der Hand und fragte uns: »Haben wir die richtige Telefonnummer? Sonst müssen wir am Ende morgen so ein olles Seniorenheim angucken.« Das war das Stichwort. Da wir natürlich kein Glück hatten und die Leitung permanent besetzt war, beschlossen wir, Uromi zusammen mit Bobopa im Altersheim zu besuchen.

Bennie dagegen brauchte nicht ins Haus Raphael mitzukommen. Da sich doch noch ein Freund fand, der nicht im Urlaub war, wollten sich die beiden einen Film im Kino anschauen. Natürlich mit vollem Rahmenprogramm, sprich dem Popcorneimer XXL, einer Cola 0,5 l und einem bunten Chupa Chups-Lolly aus dem Automaten. Bennie freute sich schon sehr: »Der Film dauert so lange wie die Simpsons und die Hälfte von Galileo.

Da kann ich eine kleine Stärkung zwischendurch gut gebrauchen. Der Lutscher vom Kinopolis kostet zwar mehr, dafür ist der Lutscher von McDonald's aber doppelt so klein.« Und mein Nachmittagsprogramm sollte aus einem Besuch im Altersheim bestehen, wie toll. Schnell ließ ich Mami und Papi deshalb wissen: »Ich will den Film aber auch noch ansehen, sonst gibt es eine Barauszahlung!«
Uromis Zimmernachbarin im Altersheim und zugleich ihre beste Freundin hatte gerade Geburtstag, sodass Bobopa extra einen kleinen Kuchen mitgebracht hatte. Er schnitt den Kuchen an und verteilte die Stückchen. »Na, Bobopa, wie ist es denn so als Kellner hier?«, fragte ich ihn. »Das mache ich gerne«, gab er mir zur Antwort, »alte Leute können oft nicht mehr selber backen.« Da stimmte ich ihm zu: »Ja, das können nur die neuen Leute.« Bobopa wollte nun etwas Verständnis für die »old generation« bei mir aufbauen: »Je älter man wird, desto schwieriger wird es auch, sich Sachen zu merken.« Jetzt wollte ich es genau wissen: »Wie schwer ist es für Papi?« Dann wurde es aber allmählich Zeit für uns, das gemütliche Kaffeetrinken zu beenden und nach Hause aufzubrechen. Ich weigerte mich jedoch standhaft, vorher noch mitzuhelfen: »Ich will den Tisch nicht mit aufräumen. Immer sind wir die Dummen!«
Meine Eltern legten bei ihrer Erziehung großen Wert auf Hilfsbereitschaft. Sie sagten uns immer wieder, wie wichtig es sei, anderen zu helfen. Deshalb ging mein Vater gelegentlich zum Blutspenden. Einmal begleiteten Bennie und ich ihn dabei. Ach, so ist das also, dachten wir, als wir das leckere Buffet mit den kostenlosen Brötchen sahen. Bennie fragte nach: »Was ist, wenn man vorher schon ein paar Brötchen isst und es dem Arzt nicht sagt?« Gerade wenn große Katastrophen passieren, ist Hilfe von anderen lebenswichtig, beispielsweise als die Riesenwelle, der Tsunami, viele Menschen in den Tod riss. Sogar bei uns im Ort bekam man hiervon etwas mit. Papi zeigte auf den Fahnenmast am Rathaus: »Schaut mal, da vorne hängen die Fahnen auf Halbmast, weil in Asien etwas Schlimmes passiert ist.« Bennie wollte es wieder einmal ganz genau wissen: »Und wenn noch

etwas Schlimmeres passiert, hängen die Fahnen dann ganz unten?« Unglücke mit großem Ausmaß passieren aber auch in Deutschland. Papi erzählte uns, dass nach dem Hochwasser in Dresden 10.000 Läden zerstört worden waren. Schlimm genug. Er konnte mir aber meine Frage leider nicht beantworten, wie viele noch da waren.

Wirklich friedlich ging es zwischen uns Geschwistern eigentlich nicht zu. Dafür fühlte ich mich doch durch die Anwesenheit von Bennie zu oft in der Zuwendung meiner Eltern etwas zurückgesetzt – obwohl sie das stets energisch bestritten. Papi sagte uns immer, dass Geschwister zu den ganz wenigen Personen gehören, mit denen man im Leben nicht konkurriert. Das nahm ich ihm aber nicht ab. Für meine Eltern waren unsere häufigen Streitereien recht nervig. Doch Bedenken, dass es Mami oder Papi tatsächlich einmal zu viel werden würde, hatten wir nicht. Bennie brachte es einmal auf den Punkt: »Wenn einer von euch heute abhaut, dann finde ich ihn morgen bestimmt bei Meiers beim Sahnetortenessen!« Dort fielen nämlich an jedem Sonntag alle längst erwachsenen Kinder ein, um die von der Mutter selbst gebackenen, sehr leckeren Torten zu verspeisen – ein Programmpunkt, den wir immer wieder sonntags (gerade an langen Regentagen) mit etwas Neid verfolgten.
Als es wieder einmal eine kleine Auseinandersetzung zwischen Bennie und mir gab, wusste sich Bennie nur mit seiner »Heule, heule, knetter in der Ecke«-Masche zu behelfen – die wirkte bei Mami meistens. Und tatsächlich, Mami wollte gleich von mir wissen: »Sammie, jetzt sag' uns doch mal, warum du Bennie immer ärgerst?« Doch ich entgegnete ihr: »Nein, das kam man nicht erklären. Du kannst ja auch nicht erklären, wie Smacks schmecken!« Gelegentlich zeigte ich mich aber sehr kompromissbereit: »Bennie, weißt du, wie wir es machen? Wir streiten nur heute Vormittag. Und heute Nachmittag machen wir es uns dann schön.« Doch es half nichts, ich musste in mein Zimmer gehen und bekam von Mami ein Heft, das ich mir im Bett ansehen sollte. Doch ich forderte: »Das Heft ist zu weich, gib mir

ein Buch!« Ich bekam tatsächlich ein Buch, das ich dann auch mit großem Interesse verschlang. Die ungewohnte Ruhe, die tagsüber von meinem Zimmer ausging, fiel Bennie gleich auf: »Gute Nachrichten, Papi, der Sammie liest im ›Pumenickel‹-Buch. Jetzt machen wir nichts Tolles, sonst kommt er gleich und ist abgelenkt!«
Nach einiger Zeit hatte ich dann doch keine Lust mehr weiterzulesen und ging zu den anderen hinunter ins Wohnzimmer. Bennie empfing mich dort mit den herzlichen Worten: »Ich muss dir ein großes Lob geben, Sammie!« Auch Papi war voll des Lobes und meinte: »Sammie ist soo lieb heute!« Da wollte ich gleich wissen: »Bin ich nicht mehr wiederzuerkennen? Hättest du gedacht, dass die Sache vorhin mal so ausatmen würde?« Papi korrigierte mich: »Sammie, das heißt ›ausarten‹«. Ach, manchmal bin ich halt ein kleines Dummerchen ...

Besser, man macht erst gar keinen Krieg!

Da ich mich während der Herbstferien manchmal langweilte, freute ich mich sehr, als Bobopa mich morgens zu einer Wanderung abholte. Wir hatten das Waldrestaurant schon seit längerer Zeit nicht mehr besucht und wollten sehen, ob dort alles in Ordnung war. Dieses Mal nahmen wir Bennie mit, da er schon viel vom Waldrestaurant gehört hatte, es aber noch nicht selbst gesehen hatte. Während des langen Anstiegs durch den Wald erzählte ich Bobopa von Nathalies Anruf. Mit Nathalie konnte ich herrlich draußen toben und Fußball spielen, leider war sie jedoch vor einigen Wochen mit ihren Eltern nach München gezogen. Bobopa fragte interessiert nach: »Hat Nathalie denn erzählt, wie es ihr in München gefällt?« »Nein«, antwortete ich, »das hat sie nicht, denn ich habe sie auch nicht danach gefragt.« »Sammie, mit guten Freundschaften darf man nie leichtfertig umgehen. Man muss etwas aktiv dafür tun, um Freundschaften zu erhalten.« »Wie soll das denn gehen, wenn Nathalie so weit entfernt wohnt?«, wandte ich ein. Doch dieses Argument ließ Bobopa nicht gelten: »Die Entfernung darf keine Rolle spielen,

wenn dir ein Mensch wichtig ist. Zusammen mit Moma besuchen wir demnächst auch ihre alte Schulfreundin Sabine. Sie wohnt mit ihrem Mann in England, genauer gesagt in London. Von den beiden hat aber sie die Hosen an.« Bennie wunderte sich sehr: »Hat ihr Mann keine Hosen an?« Da Bobopa nicht antwortete, konnte ich gleich meine nächste Frage stellen: »Warum lässt du dir denn die Flugkosten nicht von den Leuten erstatten, die euch eingeladen haben? Papi lässt sich die Kosten auch erstatten, wenn er geschäftlich nach London fliegt.« »Das ist auch etwas anderes«, lachte Bobopa. »Wusstet ihr übrigens, dass in London die Autos auf der linken Seite fahren?« »Und die Schiffe?«, fragte ich erstaunt nach. Bennie ergänzte: »Papi war neulich wenige Tage nach dem Bombenanschlag in London. Komisch, immer wenn einer von uns da ist, passiert nichts.«
Wir hatten mittlerweile das Waldrestaurant erreicht und setzten uns vor der Steinansammlung auf das weiche Gras. Bennie war beeindruckt. Ich dachte an Bobopas bevorstehende Englandreise und fragte ihn: »Hast du mit Moma schon viele große Reisen gemacht?« »Ja«, antwortete er, »wir sind fast schon fünfzig Jahre miteinander verheiratet.« »Wird es nicht langweilig, wenn ihr euch schon so lange kennt?«, wollte Bennie wissen. »Nein, früher haben viele Ehen sehr viel länger als heute gehalten. Menschen waren früher nicht so austauschbar, wie das heute der Fall ist. Heute lassen sich viele Ehepaare schon bei kleinen Krisen scheiden.« »Vielleicht sind aber auch viele Eheleute früher zusammengeblieben, obwohl sie gar nicht glücklich waren«, mutmaßte ich, »das ist dann aber doch auch nicht gut, oder?« »Vielleicht hast du damit auch ein wenig recht«, meinte Bobopa, »jedenfalls haben früher Krisen, wie zum Beispiel Kriege, Menschen eher zusammengeschmiedet. Das war eine Folge der Not und Entbehrung, die die Menschen erleiden mussten.« »Krieg ist überhaupt nicht schön«, sagte ich, »stell dir mal vor, ein Panzer schießt auf mich drauf. Was meinst du, wie hart die Kugel ist!« Und dann erklärte ich Bennie: »Es gab früher doch zwei große Kriege. Der eine war am Sonntag, der andere am Mittwoch.« Dann erzählte uns Bobopa davon, wie lange der letzte große Krieg gedauert hat

und wie mühsam sich damals seine Familie ernährte. Da es in den Läden wenig zu kaufen gab, mussten sie essen, was sie auf den Feldern und im Wald fanden. Auf dem Rückweg entdeckten wir am Wegesrand einige Steinpilze, die wir mitnahmen, sodass Mami sie uns in der Pfanne als Mittagessen braten konnte. Wir wussten jetzt ja, wozu es gut ist, solche Sachen wie Pilze zu kennen. Da mir unsere Diskussion nicht aus dem Kopf ging, stellte ich abschließend fest: »Besser, man macht erst gar keinen Krieg. Dann gibt es auch gar nicht erst Not und man braucht auch solche schwierigen Pilzsorten gar nicht erst zu lernen.« Bennie blieb ohnehin misstrauisch, denn er hatte Angst, dass wir Giftpilze gefunden und verspeist hatten. Daher wollte er nach dem leckeren Pilzessen zu Hause trotz der anstrengenden Wanderung partout keinen Mittagsschlaf machen: »Nein, ich legen mich nicht hin. Es ist besser, wenn man wach ist, wenn der Tod kommt.« Wenn Bobopa bei uns zum Mittagessen blieb, trank er danach meistens noch einen kleinen Kaffee und ging dann nach Hause. Ich nutzte die Zeit und holte mein schönes Tangram an den Tisch. Als ich eher zufällig eine Pistole gelegt hatte, erschrak ich und schob die Teile schnell wieder auseinander.

Abends, als Papi von der Arbeit nach Hause kam, erzählte Mami ihm von unserer schönen Wanderung. Abschließend meinte sie: »Also, du kannst dich nicht beschweren über deine Schwiegereltern!« Ich gab zum Besten: »Aber du, Mami, du hast Oma und Opa!« Papis Eltern wohnten im Nachbarort, jedoch reisten beide so viel umher, dass wir uns leider nur selten sahen. Jedenfalls schlug Bennie mit mir in die gleiche Kerbe: »Der Opa kommt nur her, um sich auszuruhen – der hat hier nur auf dem Sessel gesessen. Das kann er auch bei sich zu Hause machen ...« So ist das eben, bei uns wird jeder gegen jeden ausgespielt: Die Verwandtschaft genauso wie die Spielekonsolen, wenn wir darüber streiten, ob Bennies oder meine die besseren sind. Aber letztlich mögen wir uns doch alle recht gerne. Bennie behauptete sogar: »Mami, weißt du, wer meine anderen Eltern sind? Moma und Bobopa.« So weit ging ich jedoch keinesfalls, ich stellte vielmehr klar: »Ich gehöre nicht zu Uromis Familie. Die heißt Meininger und ich heiße Halve.«

2.3 Von Aufgeschlossenheit, Interesse und Leidenschaft

Können Sie mich bitte mit Ihrer Technikabteilung verbinden?

Es war wieder einmal Samstagmorgen und Papi wollte vor dem Einkaufsbummel noch kurz zum Friseur. Auch das noch. Zum Glück konnten wir Papi diese Zeitverschwendung (und Einkaufsverzögerung) noch ausreden, indem Bennie ihn fragte: »Papi, geh nicht zum Friseur – was stimmt denn im Moment nicht?« Mami sagte: »Wir können ja am nächsten Wochenende alle vier zum Friseur gehen.« Bennie hielt dies bei sich noch nicht für nötig und erzählte stolz von seinem letzten Friseurbesuch: »Ich habe sogar zwei Maschinen gehabt: eine, die die Haare dunkler macht, und eine andere, die die Haare kürzer macht.« Ich begutachtete Mamis Haare und musste ihr bedauernd mitteilen: »Mami, mit der Frisur siehst du aus wie eine

billige Moma-Kopie!« Energisch schritt Papi ein: »Sammie, der Einkaufsbummel steht für dich auf der Kippe, wenn du so frech bist!« »Das bezweifle ich. Der Onkel Lutz will doch selbst seine Kauflaune ausleben.« So nannte ich Papi gerne, aber er mochte diesen Spitznamen überhaupt nicht. Jedenfalls wurde ich erst einmal in mein Zimmer geschickt. »Wann arbeitet der denn wieder?«, fragte ich verärgert. Und Bennie gab mir noch mit auf den Weg: »Das ist deine gerechteste Strafe.« Manchmal glaube ich, dass ich irgendwie floppe.
Als ich mich wieder beruhigt hatte, überlegten wir, doch noch nach Frankfurt zum Einkaufen zu fahren. Bennie schlug vor: »Wollen wir Bobopa mitnehmen? Wir sagen ihm, wir fahren zu seinem Lieblingsmetzger nach Bad Nauheim, um Gulaschkonserven zu kaufen, und dann gehen wir doch auf die Zeil.« Ich riet aber ab, da es mir dort meist zu voll war: »Nein, besser nicht, heute herrscht auf der Zeil die endgültige Panik.« Papi regte an, nicht immer nur einzukaufen, sondern zur Abwechslung etwas Kulturelles zu unternehmen und zum Beispiel das Goethe-Haus zu besichtigen. Er fragte aber sicherheitshalber nochmals nach: »Ihr habt doch schon einmal von Goethe gehört?« »Natürlich«, entgegnete ich, »den kenne ich von seiner Geburtsstadt Goetheborg und der Goethestraße im Monopoly. Ich komme aber nur in sein Haus mit, wenn wir danach zu Toys'R'Us gehen!« Dieser Vorschlag fand aber keine Mehrheit. Dann brach ich die Diskussion über Goethe ab: »Über Goethe unterhalten ist langweilig. Da findet man nicht immer einen, der sich da auskennt.« Ich schlug vor, lieber zum Dampflokfest zu gehen, das wie jedes Jahr zu Pfingsten an unserem Bahnhof stattfindet. Ich bin zwar ein absoluter Gegenwartsmensch, ab und zu tauche ich aber auch gerne in die Vergangenheit ab. Und wenn es um alte Lokomotiven geht, dann erst recht.
Schon kurze Zeit später klingelte Bobopa, den wir unbedingt mitnehmen wollten, an der Haustür. Bennie empfing ihn gleich freudestrahlend mit den Worten: »Wir haben ja noch fünf Minuten Zeit, in denen wir plaudern können, und dann sollten wir langsam startbereit sein.« Ich stieg schon ins Auto ein, nahm

auf dem Fahrersitz Platz und erklärte Bobopa: »Kinder wollen immer so gerne am Lenkrad sitzen.« Der aber widersprach und stellte klar: »Nein, die Lauserchen sitzen hinten.« Während der Fahrt fragte ich ihn: »Bobopa, ist das nicht komisch, wenn du dich von deiner Tochter herumkutschieren lässt? Früher hast du sie herumkutschiert!« Da ich Autofahren langweilig fand und Papi viel unterwegs war, hatte ich einen guten Vorschlag für ihn parat: »Fahr' mit dem Auto doch rückwärts zur Arbeit, dann siehst du mal etwas anderes! Das sind hilfreiche Tipps, um aus der Langeweile des Lebens auszubrechen ...«

Papi war die Musik während der Fahrt zu laut. Deshalb zeigte ich hilfsbereit auf das Radio und erklärte Mami: »Da, das ist der Knopf für die Leisestärke.« Da wollte Mami uns testen und fragte: »Wisst ihr, welcher Sender auf der Frequenz 89,3 kommt?« Bennie hatte die richtige Antwort: »HR 3 verrauscht!« Auf der Gegenspur kam uns plötzlich ein Autofahrer entgegen, der in Schlangenlinien fuhr. Anscheinend war er leicht angetrunken. Schnell nahm ich das Handy aus Mamis Handtasche und gab den Vorfall bei der Polizei durch. Das Gespräch beendete ich mit den Worten »So, das war's jetzt« und legte schnell auf, denn nun waren wir auch schon bei dem Dampflokfest angekommen. Schwarzer Qualm schlug uns entgegen. Bennie konnte uns gleich erklären, woran dies lag: »Bei der Dampflok geht das so: Wenn die Halves mitfahren, kommt der weiße Qualm heraus. Wenn sie nicht mitfahren, kommt der schwarze Qualm heraus.« Aber zumindest eine kleine Wissenslücke gab er doch zu, als er fragte: »Aber wie ist es denn mit dem Getriebe? Kommt daran eigentlich Öl oder Essig?«

Ich schaute auf die Preistafel für die Bahntickets und stellte fest: »Klasse, es gibt Seniorenrabatt ab 80. Ist hier einer 80?« Da dies nicht der Fall war, beschränkten wir uns auf das Zuschauen. Als die alte Lokomotive mit ihren offenen Waggons an uns vorbeischnaufte, merkte ich kritisch an: »Eigentlich muss man beim Fahren die Tür zumachen.« Als Reiseproviant hatte ich eine Tafel Schogetten mitgenommen und bot sie Bobopa großzügig an: »Willst du ein Stück Schokolade vom Original?«

»Nein, vielen Dank.« Ich konnte es nicht fassen: »Waaas? Und die Plagiate von Bennie isst du aber?« Ich selbst hatte wohl etwas zu viel von meiner eigenen Schokolade genascht. Jedenfalls fing ich auf der Rückfahrt plötzlich an zu würgen, sodass Papi sofort anhielt. Mami riss ihre Beifahrertür auf und sprang heraus, um mir zu helfen. Ich erschrak sehr und fragte erstaunt: »Wo geht denn die Mami hin?« Das war eine Aufregung. Danach wollte ich nur noch eins: »Und jetzt nichts wie heim und vor die Glotze!« »Aber schau nicht schon wieder die Simpsons«, meinte Papi, »die sind vollkommen respektlos.« Aber auf meine gelben Freunde Homer und Bart lasse ich nichts kommen: »Echte Simpsons-Fans wollen keine Kritik hören!«

Wichtig ist es, viel zu fragen, denn: Wer nicht fragt, bleibt dumm. Und wichtig ist es auch zu verstehen, wie das alles so funktioniert bei den Menschen. Den Kreislauf des Lebens hatte ich jedenfalls schon sehr früh erkannt. »Erst kommt man auf die Welt, dann lebt man, dann stirbt man und dann kommt der Nächste.« So einfach ist das. Und wo die Leute herkommen, hatte Bennie uns erklärt: »Die Autos kommen aus der Autofabrik und die Leute kommen aus der Leutefabrik.« Früher dachte er, dass die Mädchen aus dem Frauenbauch kommen und die Jungen aus dem Männerbauch. Aber da täuscht er sich, der gute Mann. Aber für sein Alter kennt er sich mittlerweile doch schon ganz gut aus und hat uns neulich die Zusammenhänge erläutert: »Der Ronnie heißt Penis und bei den Busenträgern heißt es Scheide. Dann wird der Penis in die Scheide mühsam reingefummelt.« Ich bin froh, dass ich ein Junge und kein Mädchen und zum Glück auch keine Kaulquappe bin. Papi hat mir nämlich erklärt, dass Kaulquappen ihren Schwanz verlieren. Aber bei uns fällt zum Glück nichts ab. Bei solchen Themen können die Frauen aber nicht mitreden, denn sie haben mal wieder nicht Ja gesagt, als die Pimmels verteilt wurden. Zufrieden bin ich auch mit meiner Augenfarbe, da man mit meinen braunen Augen – wie ich finde – am besten sehen kann. Ich würde jeden Glubschertest bestehen, garantiert. Bennie dagegen trug eine ulkige Brille, doch Papi meinte: »Bennies Brille ist für seine Augen genau richtig!« Da fragte ich vorsichtshalber

nochmals nach: »Ist das denn eine Brille für blaue Augen?«
Einfach haben wir Männer es trotzdem nicht, besonders Bennie. Einmal erzählte er uns: »Während ich pinkele, fährt der Pimmel irgendwie wie ein Drehgestell nach oben. Alles geht dann auf die Klobrille. Am Ende bin ich eine Frau, weil ich den Ronnie rausgewühlt habe. Wisst ihr, was toll wäre? Wenn ich drei Pimmel nebeneinander hätte. Dann könnte ich Pimmel flechten!« Für mich ist das unterste Etage. Das meiste von diesem peinlichen Thema verstehe ich mittlerweile ganz gut. Aber für uns Kinder bleiben doch noch einige Geheimnisse ungelüftet. Bennie ist sich nicht sicher, ob Kühe auch Pipi machen oder die Milch das Pipi ist. Für mich stellt sich z. B. die Frage, ob im Körper die Müffis hinter dem Pipi stecken. Aber das kriege ich auch noch heraus. Irgendwann ändert sich sowieso alles. Mami hatte uns erzählt, dass man in der Pubertät sichtbar erwachsen wird. Aber was bringt einem das? Man hat doch die gleichen Probleme. Und auf seinen Stimmbruch freute sich Bennie überhaupt nicht, wie er uns sagte: »Schade, ich fand meine Stimme eigentlich so gut.«

Richtig gut kenne ich mich mit technischen Sachen aus, ich würde mich sogar als Technik-Freak bezeichnen. Mit zweidimensionalen Jump-and-run-Spielen genauso wie mit den verschiedensten Konsolen und sonstigen technischen Gadgets. Mami meinte zwar, dass ich viel zu viel zockte, doch das sah ich ganz anders: »90 Minuten Computer spielen am Tag sind doch nicht viel. Wenn du wüsstest, was der ganz normale Standard ist!« Da es mir immer schwerfiel, mich auf eine einzige Konsole festzulegen, war bei uns jede Konsole schon einmal mit jeder zu Hause, die WII mit der Xbox, die PS3 mit der Xbox …
Woher ich mein technisches Fachwissen habe? Ganz einfach: Bei Fragen meinerseits kenne ich keinerlei Scheu und rufe direkt bei Media Markt an, einmal mit den Worten: »Können Sie mich bitte mit Ihrer Technikabteilung verbinden?« Die erstaunte Antwort lautete: »Das ganze Haus ist bei uns voller Technik.«
Als meine technische Frage telefonisch geklärt war, wollte Papi

die Antwort des Verkäufers wissen. Doch ich blockte ab: »Das, was der Verkäufer eben gesagt hat, verstehst du sowieso nicht. Das ist Media-Markt-Deutsch.« Der Media Markt ist für mich ein Paradies. Ich finde immer etwas Passendes im Laden und schlage zu. Es lebe der Shopping-Wahn!
Neulich wurden wir im Einkaufszentrum auf dem Weg zum Media Markt in einem anderen Laden von Nachbarn aufgehalten. Das Gespräch zog und zog sich. Da kam mir zum Glück eine gute Idee und ich begann zu frösteln: »Uhhh, es ist so kalt hier.« Ich war überrascht, wie schnell sich die Plauderrunde voller Rücksicht auflöste. Herrlich, wie schnell man so etwas beenden kann. Anschließend bei Media Markt erkundigte ich mich nach Fernsehern und ließ den Verkäufer gleich wissen: »Der Sony Bravia KDL 40Z 4500 ist am besten getestet worden.« Papi konnte mein Interesse an einem neuen Fernseher nicht nachvollziehen: »Aber du hast doch den kleinen Fernseher, den Tante Manuela euch geschenkt hat.« Doch das ließ ich nicht gelten: »Ach, hör' doch mit dem auf, die alten Plasma-Geräte! Die verlieren in ein bis zwei Jahren an Leuchtkraft. Der Onkel Wolfgang wird sich auch noch umgucken.« Bennie dagegen war computer-technisch gesehen ein absoluter Laie. Das stellte er eindrucksvoll unter Beweis, als er beispielsweise behauptete, dass bei »Compjektoren« alles »ganz von automatisch« gehe. Oder als er dachte, dass Computer über eine Katze anstelle einer Maus gesteuert würden. Oder er sich wunderte, dass man jeden Tag in seiner »Mehlbox« nachschauen sollte. Peinlich waren mir insbesondere seine unqualifizierten Fragen bei Media Markt. Neulich fragte Bennie den Verkäufer: »Wie teuer ist denn der A380?« Da hatte er doch tatsächlich den neuen Airbus mit der Xbox 360 verwechselt. Auch Bobopa und Opa kennen sich nicht mit der neuesten Technik aus. Der Opa hat zum Beispiel nur einen uralten Wireless-LAN-Router. Was für Loser das sind!

Das zweite Paradies – neben dem Media Markt – sind für mich die GameStop-Läden, in denen man Konsolen und Computer-

spiele an- und verkaufen kann. Oder nach einer Woche wieder umtauschen kann, wenn man sich das Spiel übergespielt hat und einfach die Erfolgsformel »Ich bin bitter enttäuscht worden« als Umtauschgrund angibt. Wie beim Spiel »Tim Power«. Dort besteht die Power nur darin, dass man mit Power zum Umtausch fährt. Klappt ein Umtausch mal nicht, dann stelle ich die Videospiele einfach ins eBay rein – allerdings nicht zu Schulbeginn, weil bei den Schülern dann die guten Vorsätze noch da sind. Aber es gibt auch ein paar Klassiker, die ich nicht wieder hergeben würde, wie z. B. die neue Version von FIFA 12, die endlich mal nicht wieder nur ein lauer Aufguss ist. Im Gegensatz zu Bennie tätige ich nur selten wirkliche Fehlkäufe. Herrlich, wie der Bennie mit seinem Gameboy auf die Industrie reinfällt. Denn wenn ich mir die neuen DS-Spiele anschaue, dann kann ich nur sagen: Wer sein Geld zum Fenster rausschmeißen will, ist hier genau an der richtigen Stelle. Ich kann mich nur wiederholen: Es lebe der Shopping-Wahnsinn! Und morgen geht er weiter. Wenn nicht im Media Markt oder beim GameStop, dann im Internet. Gerne auch zusammen mit meinem Vater, den ich hierzu einlade: »Papi, willst du auch irgendwas mobben bei Amazon?« Denn: It's mobbing time!
Ach, ja, im MTZ trafen Bennie und ich übrigens Oma und Opa, als wir gerade den GameStop-Laden verließen. Oma schenkte uns beiden beim Bäcker je ein Marzipan-Schiffchen, lecker. Später berichtete ich gleich Mami von unserem Erlebnis: »Wir haben Oma und Opa im Einkaufszentrum getroffen. Opa lief wie ein niedlicher Goldhamster herum. Er ist dick und grinste die ganze Zeit.« Aber gefreut haben wir uns trotzdem.

Leider ließen wir den Tag nicht wie erhofft im Einkaufszentrum ausklingen, da Bennie schon wieder Einzelteile seiner Brackets herausgefallen waren. Ich glaube manchmal, er hat einen ganzen »Bracketschrottplatz« im Mund. Und da das Einkaufszentrum auf dem Weg zum Zahnarzt lag, konnte Mami auch gleich das Angenehme mit dem Unangenehmen verbinden. Und – mit gefangen, mit gehangen. Da ich ins Shopping-Paradies mitgekommen war, konnte ich mich dem lästigen Zahnarztbesuch nicht so leicht wie sonst entziehen. Das hatte auch Bennie erkannt, als er Mami zuraunte: »Mami, sei doch froh, hier hast du ihn wenigstens schon einmal im Auto!« Haltet ihr nur zusammen!

Warum bleiben die Zugvögel nicht gleich in Afrika?

Draußen war herrliches Wetter, sodass Bobopa vorbeikam, um Bennie und mich zu einer kleinen Wanderung abzuholen. Bobopa hatte vorgeschlagen, bis nach Königstein zu laufen, dort ein Eis zu essen und dann mit dem Bus wieder nach Hause zu fahren. Unser Weg führte an einer Burgruine vorbei, von der aus man einen wunderschönen Blick weit hinab ins Tal hat. Als Bennie die Burgruine sah, fragte er Bobopa: »Weißt du aus deiner Kindheit, wie die Burgen früher aussahen?« Bobopa lachte und meinte: »Nein, so alt bin ich dann doch nicht. Diese Burg wurde vor über 800 Jahren gebaut und bewohnt.« »In welcher Zeit hättest du denn am liebsten gelebt? Damals?«, wollte ich neugierig wissen. »Wenn ich ehrlich bin, dann eigentlich in den 60er- und 70er-Jahren. Damals war eure Mami so alt wie ihr heute und die Zeit insgesamt nicht so hektisch wie heutzutage«, entgegnete er. »Bobopa, die Zeiten ändern sich«, hielt ich dagegen. »Wir leben nicht mehr in den 60er-, 70er-Jahren, sondern im 21. Jahrhundert. Da könnten wir ja auch wieder selbst Marmelade einkochen und in alten Geleegläsern im Keller aufheben. Was meinst du, was mich bei einer kleinen Zeitreise 30-40 Jahre zurück erwarten würde: Die Leute säßen noch vor ihren jämmerlichen Pong-Automaten und ich hätte meine Full-HD-Glotze mitgenommen.« Bobopa überlegte kurz, dann gab er mir zu bedenken: »Ich habe bis heute keinen Computer, sondern schreibe weiterhin auf meiner alten, klapprigen Handschreibmaschine. Sie reicht mir vollkommen aus, um Briefe zu schreiben. Ich kann mit meiner Schreibmaschine sogar das Euro-Sonderzeichen tippen!« »Wie soll denn das gehen? Als deine Schreibmaschine gebaut wurde, gab es den Euro doch noch gar nicht«, meinte ich zweifelnd. »Man muss sich nur zu helfen wissen«, entgegnete Bobopa. »Erst tippe ich ein ›C‹, dann gehe ich wieder zurück auf das ›C‹ und tippe auf diese Stelle auch das Gleichheitszeichen. Auf diese Weise erhalte ich das ›€‹-Zeichen!« Doch überzeugen konnte mich diese Idee keinesfalls: »Wenn du dir einen richtigen Computer kaufen würdest, müsstest du dir keine solchen Sonderlösungen ausdenken!« Bobopa ließ sich von meinem Argument jedoch nicht überzeugen: »Die moderne Technik ist sehr anfällig. Man kann doch nichts mehr selbst reparieren, wenn etwas kaputtgeht.« Ich pflichtete ihm bei: »Ja, man muss das Kabel durchschneiden, um zu sehen, wie das E-Mail durchsaust, aber dann bekommt man einen Stromschlag. Insgesamt sind E-Mails aber viel schneller als Briefe, die du mit der Post verschicken musst.« »Ach, weißt du, Sammie«, meinte Bobopa, »was ist denn schon so eilig, dass es auf diesen einen Tag Postlaufzeit ankommt? Alles schaukelt sich gegenseitig hoch und wird immer schneller. Kaum jemand nimmt sich noch wirklich Zeit und schreibt persönliche Briefe.« Bobopas Sichtweise teilte ich nicht: »Aber die Menschen haben dafür öfters Kontakt, weil es viel leichter ist, eine E-Mail abzuschicken. An der E-Mail liegt es nicht, wenn die Inhalte liebloser werden als deine Briefe, die du auf gutem Papier und mit Füller schreibst. Dass du extra eine Briefmarke kaufst, heißt doch noch lange nicht, dass der Empfänger dies besonders schätzt. Es sammelt heutzutage schließlich keiner mehr Briefmarken. Und was sollten heute die Menschen denn ohne Internet machen?« »Ja, im Internet steht sicherlich vieles drin. Es macht die Menschen allerdings zugleich auch vollkommen abhängig, weil sie keine Bücher mehr lesen und dadurch keine Hintergründe mehr verstehen. Früher gab es kein Internet und die Menschen kamen auch zurecht.« »Warum soll ich die Technik denn nicht nutzen,

wenn sie nun schon einmal erfunden worden ist? Aber jeder muss am Ende selbst entscheiden, wie und womit er sein Leben erleichtern kann«, beendete ich diese Grundsatzdiskussion.
Wir drei liefen weiter und kamen an dem kleinen Entchenteich vorbei, der abseits der großen Wanderwege versteckt im Wald liegt. »Es hat in der Nacht stark geregnet, da ist der ganze Enteich nass geworden«, stellte ich fest und wollte wissen: »Wie gehen denn die Pfützen weg?« Wenn ich es genau überlege, kann ich mir das Verdunsten von Wasser bis heute nicht wirklich vorstellen. Am Entchenteich nahmen wir auf einer morschen Holzbank Platz und beobachteten das ruhige Wasser und allerlei Tierchen. »Bobopa, wusstest du, dass Marienkäfer im Wasser schwimmen können, ohne zu ertrinken?«, fragte ich ihn. »Nein«, antwortete er erstaunt, »woher weißt du es denn?« »Ich habe es ausprobiert!«, triumphierte ich. Denn nur so kann man die vielen Fragen der Natur schnell und einfach klären. Und doch blieb einiges ungeklärt. Vielleicht konnte Bobopa helfen: »Wir wissen nicht, ob die Spinne ihr Netz spinnt oder webt«, stellte ich in den Raum. »Hast du dir einmal angesehen, wie fein und mit welcher Gleichmäßigkeit eine Spinne ihr Netz aufbaut?«, fragte er mich. Mir war das aber recht gleichgültig: »Die Tiere leben wie in der Steinzeit. Die sind überhaupt nicht vorangekommen mit der Technik. Sieh dir doch die Zugvögel an. Die verbrauchen jedes Jahr ihre ganze Kraft, um bis nach Afrika und wieder zurück zu fliegen. Warum bleiben sie eigentlich nicht gleich in Afrika?« Bobopa begann, es mir zu erklären: »Letztlich hängt es mit den unterschiedlichen Jahreszeiten zusammen. Diese wiederum hängen von der Stellung und der Bewegung von Erde und Mond im Weltall ab.« »Ich wäre gerne ein Astronaut«, meinte Bennie. Bobopa erklärte weiter: »Wenn die Astronauten aus der Rakete herausschauen, dann sehen sie, dass die Erde eine Kugel ist.« Ich erschrak: »Die sollen lieber nicht hinausschauen, sonst fliegen sie gegen den Mond und alles ist kaputt.« »Obwohl die Rakete schon fast mit Lichtgeschwindigkeit fliegt, sind die Astronauten auf ihrem Weg zum Mond lange unterwegs«, erzählte Bobopa. Bennie stellte fest: »Man kann nicht sagen, wie schnell

die Lichtgeschwindigkeit ist. Es gibt ja helle und dunkle Glühbirnen.« Dann wollte Bennie wissen, weshalb es einen Nord- und einen Südpol, aber keinen Ost- und keinen Westpol gibt. Aber auf solche Fragen hatte selbst Bobopa keine Antwort. Wie auch immer, ich konnte Bobopa jedenfalls erklären, wie Tag und Nacht entstehen: »Erst geht die Sonne unter, dann kommt der Mond hochgedemmelt.«

Plötzlich hörten wir ein schleifendes Geräusch, als uns zwei Mountainbike-Fahrer auf dem Schotterweg überholten. Beide fuhren besonders langsam und rücksichtsvoll, was im Wald leider keineswegs selbstverständlich ist. Ob sich Radrennfahrer bei Rennen eigentlich auch an Geschwindigkeitsbegrenzungen halten müssen? »Die beiden Mountainbiker fahren ja wie ein Ferrari in der 30er-Zone«, kommentierte ich anerkennend. Bobopa stimmte mir zu, meinte jedoch nachdenklich: »Ohne es zu merken, verwenden wir immer mehr englische Ausdrücke. Dabei hat unsere eigene Sprache doch genug Wörter, um alles richtig auszudrücken. Beispielsweise das Wort ›Mountainbike‹. Bei uns hieß das früher ganz einfach ›Geländefahrrad‹. Die deutsche Sprache wird heutzutage immer mehr verwässert.« Da musste ich aber widersprechen: »Ich finde es gut, wenn sich die Sprachen mischen. Papi hat mir erklärt, dass sich auch schon früher viele Wörter in die deutsche Sprache eingeschlichen haben. Denk doch nur an das Wort Portemonnaie, aber da fällt es uns heute gar nicht mehr auf.« »Aber man muss doch die deutsche Sprache erhalten«, beharrte Bobopa. Für mich muss es auch bei den Sprachen Fortschritt geben, ich habe sogar viele eigene Wörter, wie z. B. »demmeln« für »Fahrradfahren« oder Mamis »Holys«. Vielleicht setzen sich diese Ausdrücke bei allen Menschen im Land durch. Und wer die Wörter nicht versteht, kann bei mir gerne nachfragen, nur nicht, wenn ich gerade ein »Huschchen« mache, also einen kurzen »Mittagsschlaf« halte.

Wir erreichten die Eisdiele, standen jedoch leider vor verschlossenen Türen. Ich grinste Bobopa an: »Vielleicht hätte ich vorher im Internet nachschauen sollen, ob die Eisdiele überhaupt geöffnet hat. Oder du vielleicht in deinem dicken Brockhaus ...« Wir mussten uns am Ende etwas beeilen, um von unserer Wanderung noch rechtzeitig nach Hause zu kommen, da im Fernsehen bereits meine Lieblingssendung, die »Simpsons«, begann. Bobopa setzte sich noch an den großen Tisch im Esszimmer und erzählte Mami und Papi von unserem schönen Ausflug. Als Papi später zu mir ins Wohnzimmer kam, meinte er: »Sammie, wir haben dich lieb bis zum Mond und zurück. Hast du uns auch lieb?« »Ja, bis zur Fernbedienung und zurück«, gab ich zur Antwort. »Jetzt lass' mich aber noch den Rest von den Simpsons anschauen.« Wie gut, dass es mich gibt.

Ach, übrigens, ich probierte es abends im Bett noch selbst aus: Mit den Tangram-Formen lässt sich sogar ein Zugvogel legen, der gerade aus Afrika zurück zu uns fliegt. Eigentlich machen es die Zugvögel gerade richtig. Sie können immer hin- und herfliegen, wenn es ungemütlich wird, und sich das Beste aus zwei Welten herauspicken. Bobopa sagt immer, kleinen Kindern solle man Wurzeln, größeren dagegen Flügel geben. Schade, dass ich nicht manchmal wie ein Zugvogel sein kann. Aber vielleicht schenkt Bobopa mir einmal ein Flugticket mit airberlin in den Süden ...

2.4 Von Zielen und Träumen

Wer schon im Bus schläft, kann sich nachts mal eine kleine Reise erlauben.

Den Osterferien sah ich immer mit gemischten Gefühlen entgegen. Einerseits hatten wir schulfrei, was natürlich sehr schön war. Andererseits musste ich irgendwie das lange Osterwochenende überbrücken, an dem nur am Samstag die Geschäfte geöffnet hatten. Am Frühstückstisch sagte Papi zum Spaß: »So, nun packt mal langsam eure Schulranzen …« Ich fand das aber unwitzig: »Die kommen immer ganz schlecht an in den Ferien, diese Schulwitze! Sag' lieber, was wir heute unternehmen!« »Heute ist Karfreitag«, erklärte Papi, »heute wurde Jesus ans Kreuz genagelt.« Zum Glück hatte ich eine Idee: »Dann können wir doch heute zur Dippemess' fahren?« Das ist ein großer Jahrmarkt in Frankfurt, der nur in bestimmten Monaten aufgebaut wird und Spiel und Spaß für die ganze Familie bietet.
Zum Glück drohte in diesen Ferien keine Langeweile, denn meine Eltern hatten für ein paar Tage zwei Zimmer in einem schönen Sporthotel gebucht, das nur wenige Autostunden von uns entfernt lag. Ein absoluter Lichtblick, auf den ich mich sehr freute. Während der Fahrt ins Hotel begann ich im Auto laut zu überlegen: »Also, als Erstes werde ich kegeln. Hoffentlich werden die Kegel automatisch aufgestellt. Ich habe keine Lust, immer hin und her zu dackeln.« Und tatsächlich, als wir ankamen, fand gleich nachmittags ein Kegelturnier für Kinder statt, das tatsächlich ich gewann. Ich atmete tief durch: »Das hat mein Selbstbewusstsein jetzt gebracht – einen Sieg auf der örtlichen Bowlingbahn!« Und auch Bennie war sichtlich beeindruckt. Noch mehr Selbstbewusstsein konnte ich allerdings beim Tennisspielen auftanken. Ohne jemals eine Trainerstunde gehabt zu haben, traf ich alle Bälle und spielte erstaunlich gut. Etwas vorwurfsvoll blickte ich auf dem Tennisplatz zu meinen Eltern und stellte fest: »Und da habt ihr mich als ›Anfänger mit geringen Vorkenntnissen‹ angemeldet?! Wenn Bennie Tennis

spielt, dann ist die Stimmung auf dem Nullpunkt. Bei mir – da bebt der Boden.« Trainerstunden wollte ich aber nicht nehmen, man weiß ja nie. Am Ende werde ich viel zu gut!
Da Sportunterricht aber anscheinend zur Kindererziehung dazugehörte, meldeten mich meine Eltern nach den Osterferien zum Ju-Jutsu-Training im Ort an. Ich ging etwas widerwillig hin, da ich nicht wusste, was mich dort genau erwartete: »Ich nehme mein Handy mit, für Verletzungen und Notfälle aller Art ...« Beim ersten Mal schaute ich allerdings nur zu. Als ich nach Hause kam, erwarteten mich Mami und Papi schon und wollten wissen, wie das Training denn gewesen sei. Ich erklärte ihnen: »Beim Ju-Jutsu konnte ich noch nicht mitkämpfen. Nach meinen beiden Krankheitstagen hatte ich einfach nicht mehr die Kraft in den Muskeln.« Nach einiger Zeit erkannte ich aber, dass diese Sportart doch nicht das Richtige für mich war. Aus erzieherischen Gründen wollten meine Eltern, dass ich dem Trainer meinen Entschluss persönlich mitteilen sollte. Das gehöre sich so, ich solle lernen, zu meinen Entscheidungen zu stehen. Kein Problem für mich, ich ging mit dem Kündigungsschreiben mutig zum Ju-Jutsu-Trainer hin, gab ihm die Kündigung und sagte: »Hier ist Post für den Verein.« Dort hat man mich seitdem nicht mehr gesehen.
Da meine Mami Musikpädagogin ist, legte sie großen Wert auf eine musikalische Erziehung. Das konnte sie in unserem Fall aber knicken. Selbst bei Papi hat der langjährige Klavierunterricht früher als Kind nichts gebracht. Als sich Papi vor vielen Jahren einmal wieder ans Klavier setzte, bat ihn der damals noch kleine Bennie inständig: »Papi, nich' wawier bielen.« Ja, ja, vorbei sind die guten alten Zeiten. Ansonsten hatte Bennie aber wenig Ahnung von Musikinstrumenten. Wenn er schief auf seiner Blockflöte piepste, dachte er doch tatsächlich, dass die Batterie leer sei.
Mit solchen Instrumenten hielt ich mich nicht auf. Ich fing klassisch an und hörte rockig auf. An der Cello-Akademie hatten mir meine Eltern Unterricht bei hervorragenden Lehrern gegönnt. Wirklich gebracht hat es aber wenig, am Ende

wollte ich mein Leihgerät nicht mehr sehen. Mir platzte der Kragen und ich fragte Mami: »Wann kommt denn endlich die Holzmüllabfuhr?«

Auf der Suche nach einem anderen, vielleicht passenderen Instrument für mich gingen wir eines Samstags in ein großes Musikgeschäft. Endlich wurde ich fündig: »Das ist eine schöne Gitarre«, sagte ich. Papi widersprach: »Nein, das ist eine Laute!« Dem stimmte ich dann zu: »Ja, das ist eine laute Gitarre!« Und tatsächlich – wir kauften eine schwarze E-Gitarre, auf der ich tatsächlich mit einigem Eifer übte, bis mein Eifer wieder etwas nachließ. Ich sagte zu Papi: »Weißt du, was Sau die Scheiße ist?« »Was denn, Sammie?« »Meine E-Gitarre ist sau-verstimmt, schade eigentlich, aber was soll man machen.« Die lockere Sprache der Jugend hatte schon meine Grundschullehrerin oft auf

die Palme gebracht. Ich höre sie noch heute fragen: »Geht es auch einmal ohne ›Sau‹?«
Da die Sommerferien langsam näher rückten, wurde es Zeit für uns, mit der Planung zu beginnen. Urlaubsreif war ich längst und lieferte Mami und Papi auch gleich den Grund mit: »Ich bin noch sau-unbraun!« Doch wohin sollte die Reise gehen? Bennie schlug pragmatisch vor: »Erst fahren wir nach Amerika und danach gucken wir, was wir dann machen!« Ich hatte eine andere Idee: »Die Rodopen – das ist das Reiseziel, dort sind aber wahrscheinlich alle Betten ausgebucht.« Solche Gebirgsmassive in Bulgarien lernte man bei uns nämlich in der Schule. Aber wo lag nur unser spanischer Festlandskatalog? Denn ich liebe den Massentourismus – je voller, desto besser! Nur zu gerne komme ich einer besonderen Leidenschaft von mir nach, nämlich die Reisekatalogsmythen aufzudecken. Die Angebote im Katalog waren tatsächlich sehr verlockend, doch dann kam sie wieder, eine meiner gefürchteten »Was-ist-wenn-Fragen«: »Was ist, wenn nur einer Vollpension gebucht hat und der holt das Essen für all die anderen?« Doch es kam, wie es kommen musste. Wir unternahmen doch keine Flugreise, sondern besannen uns wegen der guten Luft zum x-ten Mal auf die bewährte Nordsee. Als Papi am Vorabend unserer Reise endlich mit dem Stadtbus nach Hause kam, blieb Bennie zunächst noch in seinem Zimmer und spielte weiter. Papi rief zu ihm hoch: »Bennie, ich sehe dich ja überhaupt nicht mehr.« Daraufhin machte ich ihm Beine: »Bennie – los, beweg' deinen Hintern runter!« Beim Abendessen erzählte Papi dann von den Vorteilen seiner Bus-Jahreskarte: »Ab 19.00 Uhr darf ein Erwachsener mit mir im Bus kostenlos mitfahren.« Da mir dies nicht einleuchtete, fragte ich nach: »Warum darfst du denn nicht alleine fahren?«
Wir begannen anschließend mit unseren Reisevorbereitungen, denn wir wollten schon sehr früh am Morgen aufbrechen. Um drei Uhr nachts weckten mich meine Eltern kurz vor der Abfahrt nach Cuxhaven. Ich sprang hellwach aus dem Bett und rief: »Oh, da komm ich mit!« Ich zog mich an, lief zur Haustür, drehte mich aber nochmals um: »Kommst du, Mami? Oh, wir

haben noch einen vergessen. Der Bennie liegt ja noch im Bett!« Bennie schaute Papi mit müden Augen an und meinte verschlafen: »Papi, warst du bis eben auch noch im Hochschlaf?« Dann stieg auch er ins Auto ein und unsere Reise mit dem neuen VW Sharan begann.

Bennie hing noch immer an unserem alten VW Golf, den wir aber verkauft hatten: »Der Golf hatte aber auch etwas, was der Sharan nicht hat.« »Was denn?«, fragten wir ihn erstaunt. »Kirschbonbons im Handschuhfach! Süßes oder Saures, wer möchte Snobnob?« Bennie sagte gerne solche verdrehten Sachen. Auf sein nettes Angebot hin antwortete ich ihm: »Ich will einen Traubenzucker.« Papi legte Wert auf gute Umgangsformen und hakte deshalb auch gleich nach: »Sammie, wie heißt das?« Ich antwortete: »Gib mir die ganze Tüte!« Kurze Zeit später hörten wir ein lautes Plumpsen im Auto. »Was ist denn eben in den Fußraum gefallen? Guck doch mal nach dem Rechten«, forderte mich Mami auf. Da ich nicht verstand, was sie meinte, fragte ich gleich nach: »Wer ist denn der Rechte?« Nachdem wir schon eine längere Wegstrecke in der dunklen Nacht zurückgelegt hatten, mussten wir einen kleinen Stopp an der Autobahn-Raststätte einlegen. Bennie wunderte sich, sodass Mami ihm erklärte: »Sammie hat eine nervöse Reizblase.« Da wollte Bennie es genau wissen: »Weil er mich immer reizt?« Nach dem Besuch des Autobahn-WCs trafen wir uns alle am Auto wieder. Bennie wunderte sich: »Mami, warum muss man sich denn auf dem Klo in ein Kontrollbuch eintragen und sogar mit Uhrzeit?« Noch immer war es draußen stockdunkel. Als wir nach dem Fahrerwechsel weiterfuhren, seufzte ich zufrieden: »Das war schön hier. Da fahren wir wieder mal hin!«

In Cuxhaven teilten sich Bennie und ich ein Zimmer, was ihn zumindest zu freuen schien: »Abenteuer, gell Sammie?« Er wollte jedenfalls unter keinen Umständen das Zimmer wechseln: »Papi, ich will dein Zimmer nicht. Ich behalte lieber unser Zimmer mit Einzelbalkon!« »Na, gut, Bennie, dann mach das Licht aus, sonst kommen durchs Fenster die Tiere herein, die Fliegen und die Mücken« »... und die Löwen!«, ergänzte Ben-

nie beunruhigt. Vielleicht hätte ich ein Einzelzimmer nehmen sollen, denn das Reizklima an der Nordsee machte mir doch immer wieder zu schaffen. Das ließ ich Mami und Papi nach der ersten Nacht im Ferienhaus auch gleich wissen: »Ich schlafe hier sau-mies – am Anfang war's noch gut, jetzt ist der Klimawandel vorbei.« Ich fuhr sehr gerne nach Cuxhaven, auch aus dem Grund, dass viele Geschäfte bestens zu Fuß von unserem Ferienhaus erreichbar waren. In diesem Jahr feierte der örtliche Supermarkt Meyer sein 100-jähriges Jubiläum. Mir war sofort klar: »Wetten, der Meyer dreht kräftig an der Preisschraube?« Letztlich war es ein sehr gelungener Urlaub. Und allen, die mich fragten: »Wo warst du denn im Urlaub?«, konnte ich stolz berichten: »An der Nordsee. Nordsee heißt das Meer, Cuxhaven die Stadt!«
Schon kurze Zeit später ging für mich aber doch noch ein großer Traum in Erfüllung, nämlich der Traum des Fliegens. Meine Eltern hatten mit meiner ersten Flugreise so lange gewartet, da sie immer befürchteten, ich könnte in letzter Sekunde wieder aus dem Flugzeug aussteigen. Daraufhin hatte Bobopa für mich einen Probeflug von Frankfurt nach Berlin gebucht. Mehrfach hatte ich zwar verlauten lassen: »Wenn ich aus Angst den Flug abbreche, wird's teuer für Bobopa. Dann ist sein Konto leer durch die hohen Stornogebühren!« Aber der Flug verlief meinerseits reibungslos, sodass wir einen längeren Flug wagen konnten. Nun stand endlich der erste Urlaub im Süden auf dem Programm. Mit der ganzen Familie saßen wir erwartungsvoll im Warteraum direkt am Gate, um nach Mallorca zu fliegen. Direkt vor der großen Fensterscheibe wartete bereits unsere airberlin-Maschine. Bennie war glücklich: »Danke, Sammie, dass du das Flugzeug gesehen hast.« Es muss ein toller Beruf sein, ein solch großes Flugzeug startklar zu machen. So ganz anders als der Manager-Beruf meines Vaters. Vor dem Piloten habe ich viel Respekt, denn: Woher weiß der Typ eigentlich, wann er runter muss? Ich würde irgendwo auf dem Festland in Spanien aufsetzen. Wir machten es uns in den engen Sitzreihen so bequem wie möglich und genossen den Flug. Bennie gab

bei der Stewardess gleich seine Bestellung auf. »Ich hätte gerne die Haribo Air-Parade. Sie können sich aber ruhig Zeit lassen, es eilt nicht.« So ist er eben, wie will der denn durchs Leben kommen, wenn er immer nur nett ist und seinen Wünschen so wenig Nachdruck verleiht?
Eine weitere meiner für andere vielleicht nervigen »Was-ist-wenn-Fragen« ließ mir aber keine Ruhe und durfte nicht ungestellt bleiben: »Was ist, wenn man Panik verbreitet und eine Durchsage macht: Der Pilot ist tot, wir stürzen ab?« Für solche Szenarien hatten Mami und Papi aber gerade keinen Sinn. Mami versuchte mich vielmehr zu motivieren, die vielen Freizeitmöglichkeiten des gebuchten Hotels auch tatsächlich zu nutzen: »Sammie, auf Mallorca zockst du aber nicht so viel, du gehst auch mal in den Pool.« Da konnte ich nur entgegnen: »Vergiss es, ich geh' in den virtuellen Pool.« Immerhin habe ich aber ausprobiert, im Meer zu surfen. Und es klappte so gut, dass Mami mir neidlos zustimmen musste, als ich fragte: »Sehe ich wie ein Surfprofi aus, der schon monatelang auf dem Surfbrett steht?«
Unsere Mallorca-Reise war wirklich ein toller Urlaub, auch für mich, abgesehen von dem spätabendlichen Bustransfer zurück zum Flughafen von Palma de Mallorca. Erst hatte ich Angst, an diesem langen Abend insgesamt nicht genügend Schlaf zu bekommen, doch dann nickte ich auf der Rückbank im Bus kurz ein. Dadurch angespornt, ließ ich mich jedenfalls keineswegs aus der Laune bringen, denn ich fand: »Wer schon im Bus schläft, kann sich nachts mal eine kleine Reise erlauben!«

Der Zauberring

Meinen Furbys erfüllte ich gerne den Wunsch und nahm sie bei meinen Wanderungen mit Bobopa zum Waldrestaurant mit. So auch dieses Mal. Gemeinsam mit Bobopa wanderten wir an diesem schönen Nachmittag durch unseren Ort in Richtung Wald. Am Ortsende kamen wir an einem neuen Haus vorbei, das mir aber überhaupt nicht gefiel: »Wenn ich aus Versehen solch ein schreckliches Haus gebaut hätte, dann würde ich gleich wieder die Abrissbirne bestellen«, meinte ich zu Bobopa. »Jeder Mensch hat einen anderen Geschmack«, erklärte Bobopa. »Auch wenn uns beiden das Haus nicht gefällt, so erfüllen sich hier die Bauherren sicherlich einen Traum, für den sie lange arbeiten mussten.« Ich antwortete: »Erwachsene sind widersprüchlich: Viele Menschen möchten eigentlich ihren Traum vom einfachen Alltag ohne Technik leben, dafür aber mit viel Zeit für sich und ihre Familie, umgeben von Blumen und Bäumen. Die Sehnsucht nach einem geheimnisvollen Ort, ›ihrem‹ Ort, begleitet sie über Jahre hinweg. Bobopa, hast du manchmal auch solche Gedanken?« »Ja, Sammie, die kenne ich sehr wohl. Für mich wäre ein solcher Traum, wieder in Berlin zu wohnen, wo ich als Kind aufgewachsen bin. Viele Menschen arbeiten ihr ganzes Leben hart dafür, genug Geld zu verdienen, um sich diesen Traum zu erfüllen. Haben diese Menschen dann ausreichend viel Geld, sind sie aber meist schon zu alt oder es fehlt ihnen der Mut, ihren Traum Wirklichkeit werden zu lassen.« Nach kurzem Überlegen meinte ich zu Bobopa: »Meine Wirklichkeit sieht ganz anders aus. Ich könnte mir gut vorstellen, gleich in einem alten, roten Holzhaus an einem See, vielleicht in Schweden, zu wohnen und das Leben zu genießen. Natürlich aber mit aller Technik im Haus. Oder ich eröffne einen kleinen Laden, das reicht mir vollkommen. Weshalb sollte ich denn einen Umweg machen und für ein Leben schuften, das ich am Ende eigentlich gar nicht will?«

Vielleicht kommt aber auch alles ganz anders im Leben und ich gewinne im Lotto. Von dem Lottogewinn würde ich mir ein Vermögen kaufen oder eventuell doch ein prächtiges Haus. Schöne Häuser hatten wir mit meinen Eltern auf einer Musterhausausstellung besichtigt, daran kann ich mich noch gut erinnern. Von unserem Lieblingshaustyp gab es sogar ein Ausmalbild. Der Hausberater meinte damals zu Bennie: »Wenn du mir eine E-Mail schickst, dann schicke ich dir das Ausmalbild nach Hause.« Bennie hatte dies aber nicht einsehen wollen und gefragt: »Warum gibst du es mir denn nicht gleich?« Leider waren die neuen Häuser sehr teuer. Aber später wird dies für mich hoffentlich kein Problem darstellen. Denn wenn ich erst einmal einen Beruf habe, dann geht meine Karriere steil bergauf. Interessiert fragte ich Bobopa: »Meinst du, Bennies Karriere geht später bergab?« »Es ist wichtig, im Leben ein Ziel zu haben, damit man weiß, wofür man arbeitet«, meinte Bobopa. Ich war mir plötzlich sicher: »Als Erwachsener werde ich ganz reich. Dann habt ihr nur ein armseliges Haus und mir gehört eine große Villa!« »Ich würde gerne wissen, was du später einmal machen wirst«, sagte Bobopa zu mir. Ich überlegte kurz: »Vielleicht gehe ich zur Fire Brigade. Eigentlich ist es mir aber scheißegal, ob aus mir etwas wird. Und du erlebst es doch sowieso nicht mehr mit!«

Mittlerweile waren wir am Waldrestaurant angekommen und setzen uns ins Moos. Die Furbys stellte ich auf ihre Lieblingsplätze in der kleinen Steinhöhle. Bobopa fragte mich: »Sammie, habe ich dir eigentlich schon einmal das Märchen vom Zauberring erzählt? Uromi hatte es mir damals vorgelesen, als ich ein kleiner Junge war.« Da ich diese Geschichte noch nicht kannte, begann er:

»Vor langer, langer Zeit lebte in einem Wald einsam ein älteres Ehepaar. Eines Tages fand der Mann beim Sammeln von Reisig einen Zauberring. Dieser hatte die besondere Eigenschaft, dass er seinem Besitzer drei Wünsche erfüllen konnte. Die beiden Leute überlegten lange, was sie sich auf diese Weise wünschen sollten. Vielleicht schönen Schmuck für die Frau, ein weiteres Feld oder gar ein neues Haus? Was ihnen auch immer fehlte – nichts schien ihnen wichtig genug, um den ersten der drei Wünsche damit aufzubrauchen. So wurden die beiden immer älter und freuten sich darüber, dass sie noch immer alle Wünsche freihatten. Als die beiden Alten nach vielen, vielen Jahren starben, wurde ihnen der Zauberring mit ins Grab gelegt. Denn niemand sonst kannte die Kraft des Rings. Auch wenn die beiden Alten sich mit dem Zauberring keinen einzigen Wunsch erfüllten, so hatte ihnen der Ring dennoch viel geschenkt – nämlich Glück und Zufriedenheit im Leben. Und das ist mehr wert als alles, was man sich mit Geld kaufen kann!«

Ich staunte, denn ich hätte genug Wünsche, die ich mir mit einem solchen Zauberring sofort erfüllen würde. Doch Bobopa gab mir zu bedenken: »Es ist zwar wichtig, Träume zu haben. Wer sich zu schnell alle Wünsche und Träume erfüllt, der wird schnell unzufrieden. Man muss im Leben lernen, auf den richtigen Zeitpunkt zu warten. Ist dieser gekommen, dann ist die Freude umso größer.« »Was meinst du genau?«, fragte ich nach. »Denk doch nur an die vielen weiten Reisen, die sehr viele Kinder in Deutschland schon gemacht haben. Wie sollen die Kinder dies später als Erwachsene noch steigern? Als Kind war deine Mami auch glücklich, als sie mit uns im Sommer an die Nordsee verreist ist.« »Das war vielleicht früher bei euch so, heute gilt das nicht mehr«, entgegnete ich, »ich lebe jetzt und will daher auch das Leben jetzt genießen. Warum soll ich denn auf etwas warten, das ich gleich haben kann? Und im Übrigen – ihr Erwachsene könnt doch auch nicht warten.« »Wie meinst du das?«, wollte Bobopa wissen. »Ganz einfach«, sagte ich, »wozu nehmt ihr denn Kredite bei der Bank auf? Weil ihr nicht warten könnt und euch auch sofort etwas Schönes kaufen möchtet. Obwohl ihr es euch eigentlich nicht leisten könnt. Oder sieh dir doch den Rollrasen von unseren Nachbarn an. Wer nimmt sich denn heute noch die Zeit, zu säen und abzuwarten, bis etwas wächst? Alles soll sofort perfekt und fertig sein.« »Ja, teilweise hast du recht«, stimmte mir Bobopa zu, »wir leben in einer sehr schnelllebigen Zeit. Ich habe neulich einen passenden Spruch gehört: In Deutschland haben die Menschen Uhren, in Afrika haben die Menschen Zeit.« Dem konnte ich zustimmen: »Papi sagt auch immer, ihm komme es vor, als sei andauernd Sonntagabend. Dann muss er nämlich seine Hemden bügeln. Ich finde, jeder muss wissen, was er aus seinem Leben machen möchte und wie er seine Zeit am besten nutzt. Ich habe übrigens am Glücksrad im Einkaufszentrum ein Buch über Zeitmanagement gewonnen. Erst fand ich es doof, dann habe ich aber ein bisschen darin gelesen, was die für Tipps für mich haben.« Ich schlug Bobopa deshalb vor, etwas schneller zu gehen, um zu Hause mehr Zeit zu haben, mit dem Tangram einige neue Figuren zu legen.

Dort gab mir Bobopa dann die Aufgabe, etwas zu legen, das ich gerne besäße, um das Leben zu genießen. Herauskam bei mir ein tolles Segelboot: Wenn ich darauf leben könnte, ginge es mir gut. Und ich könnte wie die Zugvögel immer dort sein, wo es mir gerade am besten gefällt!

2.5 Von Disziplin, Fleiß und Verantwortung

Ich bin viel brauner als du, Papi!

Gerade kurz vor Beginn des neuen Schuljahres nahm sich Papi immer viel für uns vor und meinte: »So, ihr beiden, und ab heute wird das Gehirn wieder auf Trab gebracht.« Erst stellte er mir einige Aufgaben zum Kopfrechnen, die ich aber erfreulicherweise

richtig löste. Ich seufzte laut: »Ach, das erinnert mich alles an meine eigene Schulzeit.« Dann übten wir, die passenden Gegensätze zu finden. Papi: »Ich bin groß.« Ich: »Ich bin klein.« Papi: »Ich bin müde.« Ich dann wieder: »Ich bin wach.« Und Papi: »Ich bin hungrig.« Und meine Antwort: »Dann mach ich dir etwas zu essen!« Papi war jedenfalls zufrieden und meinte: »Der Sammie hat alles schnell kapiert.« Sofort fragte ich nach: »Wieso kapiere ich alles so schnell?« Aber die Antwort darauf hatte ich selbst: »Bei mir ist eben alles richtig verknüpft. Nur das Deutschkabel und das Tauchkabel gehen irgendwie nicht richtig zu.« Als Mami dazukam, konnte ich eine andere Frage loswerden, die mich beschäftigte: »Mami, dein Kopf ist so klein, wo ist denn da etwas drin?«
Das neue Schuljahr war für Bennie insofern besonders, weil er auf die weiterführende Schule, das Taunus-Gymnasium, gehen durfte und überall schon stolz herumerzählte: »Von der Lehrerkonferenz habe ich die Taunusempfehlung erhalten.« Da er sich den Namen meiner Schule nicht richtig gemerkt hatte, fragte er bei mir nach: »Wie heißt die zweitbeste Schule? Aral-Schule?« Am Tag X, dem ersten Tag nach den Ferien, regnete es in Strömen. Wir saßen alle schön gemütlich beim Frühstück. Papi bot deshalb an, uns ausnahmsweise mit dem Auto zur Schule zu fahren. Ich blickte in die Runde und rief laut: »Wer fährt denn sonst noch im 7.10 Uhr-Express mit?« Na klar, auch Bennie wollte diesen Service ausnutzen. Mittlerweile war es jedoch schon recht spät geworden. Papi drängte zum Aufbruch, da er eine wichtige Sitzung in der Bank hatte. Doch ich beruhigte ihn und meinte gönnerhaft: »Komm, Onkel Lutz, setz' dich hin, der Martin muss heute mal warten. Bist du eigentlich ein Laie in deiner Firma – bei deinem Wissensstand?«
Als wir mittags aus der Schule kamen, stellte Mami – eigentlich wie jeden Tag – die Frage: »Wie war's denn in der Schule?« Bennies obligatorische Antwort hierauf lautete: »Gut.« Doch dann wurde er gesprächiger und erzählte: »Heute konnte man sich zur Computer AG anmelden. Ich habe mir mal keinen Anmeldezettel genommen ...« »Bist du jetzt auch enttäuscht von dir?«, fragte ich ihn, aber Bennie war zu keinerlei Zugeständnis bereit. Hausaufgaben hatte ich noch keine auf, sodass Bennie neidisch feststellte:

»Sammie hat immer nie etwas auf!« Trotzdem wollte Mami zum Eingewöhnen ein kleines Diktat mit mir üben, irgendwie ungerecht, fand ich: »Immer muss ich gut werden! Der Bennie muss gar nichts tun.« Aber etwas Hoffnung hatte ich doch noch: »Gibt es auch Länder, in denen drei Tage hintereinander Wochenende ist?« Abends banden wir noch die neuen Schulbücher in Schutzumschläge ein und ich schrieb meinen Stundenplan so leserlich wie eben möglich nochmals ab. Denn Papi meinte: »Ordnung ist das halbe Leben.« Doch meine anschließende Frage konnte leider niemand beantworten: »Und was ist die andere Hälfte?« Da meine Frage offenbar gut angekommen war, stellte ich fest: »Oh, ihr müsst heute aber viel aufschreiben. Bennie, gib dir mal ein bisschen Mühe, dass von dir auch etwas aufgeschrieben wird!«
Papi erwartet immer von uns, dass wir in der Schule fleißig sind, damit »später etwas aus uns wird«. Deshalb war er unglücklich darüber, dass ich in der Schule kein Französisch mehr belegen wollte: »Sammie, wenn du jetzt Französisch abwählst, kannst du später kein Abitur mehr machen.« Doch ich erklärte ihm: »Ich brauche so etwas alles nicht, Papi.« Er gab mir zu bedenken: »Aber vielleicht willst du das Abitur später abends nachholen?!« Ich war mir in diesem Punkt absolut sicher: »Ach was, abends, da will ich schlafen! Nie wieder French!« Dann spielte ich meinen letzten Trumpf aus, da mich Papis Ordnungssinn und sein nicht zeitgemäßer Fleiß schon etwas nervten. Ich legte meinen Arm neben seinen und sagte ihm: »Schau mal, Papi, ich bin viel brauner als du. Das ist der Unterschied zwischen einem Banker und einem, der das Leben genießt.« Das saß – dieser Spruch hat Papi sehr nachdenklich gemacht!
Unsere unterschiedlichen Auffassungen bezüglich Ordnung und Sauberkeit wurden beispielsweise nach meinen mehr oder weniger regelmäßigen Badbesuchen deutlich. »Hast du das Bad wieder trocken gewischt und gelüftet?«, fragte mich Papi. »Für mich ist das Bad in Ordnung, für dich ist es wahrscheinlich ein Regenwald«, lautete meine Antwort. Ich verstehe es nämlich recht gut, mir meine Zeit und meine Kräfte einzuteilen und durchaus auch die Unterstützung anderer in Anspruch zu nehmen. Während Bennie

sofort anbot: »Ich dusche die Putze«, sah ich die Notwendigkeit des Putzens und die Zuständigkeiten etwas anders. Weshalb muss man das Bad denn überhaupt jeden Tag putzen? Es wird doch sowieso gleich wieder schmutzig, finde ich. Außerdem halte ich Hausputz nicht für meine Aufgabe und habe das Mami gegenüber auch deutlich gemacht: »Du bist eine von der Moma ausgebildete Reinigungskraft, ich nicht. Wisch du es weg.« Mami resignierte und meinte sogar: »Ich gebe die Erziehung auf.« Doch das wollte ich auf keinen Fall: »Ich werde dich verklagen, wenn ich später anecke, nur weil du deine Rolle nicht ernst genommen hast. Warum probierst du es nicht noch einmal, mich zu erziehen?«

Wie die meisten Kinder hatte ich viele Wünsche, aber chronischen Geldmangel. Eine der wenigen Möglichkeiten, mir neben meinem Dasein in der Schule ein gewisses, geregeltes Einkommen zu verschaffen, war das Austragen von Werbezeitungen. So viel Zeit nach der Schule musste sein. Die Frage der Sorgfalt beim Austragen stellte mich jedes Mal auf eine große Probe. Reichte es nicht, wenn zwar nicht alle, aber zumindest die meisten oder recht viele Haushalte die ohnehin uninteressante Werbepost erhielten? Was sollte ich mit den zusätzlichen Werbezetteln machen, die noch in die Werbezeitungen einzusortieren waren? Insbesondere auch dann, wenn die Werbezettel erst später zugeliefert wurden, sodass ich die Zeitungen theoretisch hätte schon ausgetragen haben können. Fragen über Fragen, die eine pragmatische Lösung erforderten. Einmal wunderte ich mich beim Erntedankfest auf einem großen Hofgut in unserer Nähe, dass ich dort nur so wenige Leute aus unserem Ort traf. Ob es hier einen Zusammenhang zu meiner Werbezeitung mit den enthaltenen Veranstaltungstipps gab? Diese Frage lässt sich nun nicht mehr klären.

Alternativen zur Bewegung durch Zeitungsaustragen gibt es viele, wie zum Beispiel Fahrradfahren, das bis heute zu meinen Lieblingsbeschäftigungen zählt. Für alle Dinge, die mir wirklich wichtig sind, setze ich mich auch ein. Da ist mir keine Anstrengung zu viel (das gibt Mami und Papi eine gewisse Zuversicht, dass aus mir tatsächlich noch etwas wird, wenn ich nur das Richtige für mich finde). Unser Ort liegt zwar an einem großen Hang, das war für mich aber kein wirkliches Hindernis. »Ich fahr' jetzt mit dem Fahrrad nach Königstein runter«, rief ich Mami noch zu. »Holt mich nachher aber nicht ab. Runter der Spaß und hoch die Quälerei.« Ich hatte hier meinen Stolz. Mami rief mir noch nach: »Fahre nicht, die Straße ist nass, Du kannst dann schlecht bremsen!«

Und dann bewahrheitete sich leider der Spruch, der sich wie ein roter Faden durch mein Leben zog: »Ich hab's doch gemacht.« Ich überschlug mich mit dem Fahrrad an einer hohen Bordsteinkante und stürzte. »Ich kann mich vor Schmerz kaum krümmen!«, jammerte ich, als Mami zufällig vorbeikam und mich gleich ins Krankenhaus brachte. Der Arzt in der Notaufnahme diagnostizierte einen Armbruch und gipste den Arm sofort ein. »Ist der weiße Gips der Kassenverband und der blaue für die Privatpatienten?«, wollte ich wissen. Der Arzt reagierte erstaunt: »Oh, ist das auch schon bei der Jugend angekommen?« Bennie konnte es nicht glauben: »Das ist was, dass die Barmer bei Sammie den blauen Gips nicht zahlt.« Mami vereinbarte noch einen Termin für die Nachuntersuchung in der folgenden Woche dienstags um 14.00 Uhr. Aber da ging ich nicht hin, um 14.00 Uhr konnte ich sowieso nicht. Da schaute ich nämlich auf RTL »Mitten im Leben«. Und außerdem war mir in der Praxis die Ausstattung viel zu marode!

Immer hat der Herr Kant aber auch nicht recht!

12.30 Uhr, endlich Schulschluss und herrliches Wetter draußen. Ausnahmsweise holte mich an diesem Tag Bobopa von der Schule ab und wir liefen gemeinsam durch unseren kleinen Ort nach Hause. Er erklärte mir: »Sammie, am 21. September beginnt astronomisch der Herbst.« Die Information beeindruckte mich jedoch wenig: »Ach, solange man schönes Wetter hat, ist es doch gut.« Wir kamen an einem kleinen Kiosk vorbei, der erst vor wenigen Wochen eröffnet hatte. Ich erzählte Bobopa: »Am Anfang hat Manuel seinen Laden bis 20.30 Uhr offen gehalten. Jetzt schwächelt er schon um 18.45 Uhr!« »Ja, Sammie«, meinte er, »wer sich im Leben durchsetzen will, muss viel Einsatz zeigen. Der Kioskbesitzer steht trotzdem immer noch viele Stunden im Laden, da er sich sicherlich noch keinen Mitarbeiter leisten kann. Wichtig ist, dass der Kioskbetreiber gerne seine Kunden bedient und sich diese wohlfühlen.« Das hörte sich für mich an wie der Slogan »Leistung durch Leidenschaft«, den ich aus unserer Fernsehzeitung kannte – wenn ich solche Werbesprüche schon höre bzw. lese. Für mich gilt so etwas nicht. Deshalb ließ ich Bobopa wissen: »Wie kann man denn leidenschaftlich arbeiten? Wenn ich schon arbeiten muss, dann doch, um mir eine Belohnung zu erarbeiten, etwas, das ich mir leidenschaftlich gewünscht habe. Leidenschaft bezieht sich bei mir also auf die Belohnung, aber nicht die Arbeit selbst. Genau das sei mein Problem, sagt Papi. Ich finde aber, dass man arbeitet, um zu leben, und nicht lebt, um zu arbeiten.« »Sammie, da hast du sicherlich recht«, gab Bobopa zu. »Du hast mir neulich von deinen Zielen erzählt. Du musst für dich den richtigen Weg finden, um diese Ziele zu erreichen und deine Träume zu erfüllen. Dafür ist aber zumindest eine gewisse Disziplin erforderlich.«

»Wo hast du denn früher Disziplin gelernt?«, wollte ich von ihm wissen. »Als Kinder fuhren wir morgens zwar mit dem Zug zur Schule, wir mussten jedoch mittags die 20 Kilometer lange Strecke jeden Tag zu Fuß zurücklegen. Der lange Weg hat uns aber damals nichts ausgemacht, da wir daran gewöhnt waren. Und im Leben kommt es häufig vor, dass man eine Extrameile laufen muss, wenn man etwas erreichen will.« »Dieser Vergleich hinkt doch, früher herrschten ganz andere Zeiten«, entgegnete ich. »Warum soll man es sich denn im Leben schwerer als unbedingt erforderlich machen?« Bobopa stellte daraufhin fest: »Es hilft im Leben schon weiter, wenn jemand Biss zeigt, solange er aber nicht verbissen wirkt. Das ist ein wichtiger Unterschied. Und geschadet haben mir die langen Fußmärsche letztendlich auch nicht.« »Das hört sich ja fast so an, als wenn du es gut findest, wenn junge Leute auch zur Bundeswehr gehen«, meinte ich zu ihm, »dort muss man doch auch so viel laufen.« Bobopa entgegnete: »Früher haben viele junge Menschen zumindest bei der Bundeswehr gelernt, sich einzuordnen und an feste Regeln zu halten. Bei der Bundeswehr ist die Grundausbildung besonders hart, da muss man um 22 Uhr im Bett sein.« »Was ist daran denn hart?«, fragte ich nach und erklärte dann: »Wären die Erwachsenen bessere Vorbilder für uns Kinder, dann könnten wir von euch die wichtigsten Regeln viel besser lernen. Viele Erwachsene legen doch vollkommen unterschiedliche Maßstäbe an ihr eigenes Verhalten und das ihrer Kinder an. Dann gelten die Regeln plötzlich nicht mehr.« Bobopa wurde hellhörig und fragte nach: »Wie meinst du denn das?« »Ganz einfach, die Erwachsenen selbst dürfen alles gleichzeitig machen: Sie lesen am Frühstückstisch die ausgebreitete Zeitung, hören im Hintergrund Radio, trinken dabei Kaffee und reden viel. Die Fähigkeit, mehrere Sachen gleichzeitig machen zu können, heißt ›Multitasking‹, wie mir Papi neulich erklärte. Das sollte ich mir einmal erlauben. Wenn ich Hausaufgaben mache und nur zwischendurch aus dem Fenster schaue, heißt es gleich, ich sei abgelenkt und müsse lernen, mich besser zu konzentrieren!« »Hast du denn noch ein anderes Beispiel dafür, dass Erwachsene bestimmte Regeln selbst nicht einhalten?« »Natürlich«, antwortete ich. »Neulich waren vor der Bäckerei alle Parkplätze belegt, sodass wir weit entfernt parken und zum Geschäft zurücklaufen mussten. Ein Porsche-Fahrer hatte dieses Problem auf seine Weise gelöst. Er hatte seinen Wagen einfach direkt an der Bushaltestelle vor dem Geschäft abgestellt und war in den Laden gegangen. Das war für ihn in diesem Moment am einfachsten. Und weißt du, was die Mami dann gemacht hat?« »Nein, was denn?«, fragte Bobopa. »Sie ging in den Laden und rief laut, dass draußen gerade ein Porsche an der Bushaltestelle abgeschleppt würde. Das fand ich sehr mutig. Was meinst du, wie schnell der Fahrer den Laden verließ, um nach seinem Auto zu schauen!« »Ja, Sammie, was du da erzählst, beobachte ich leider sehr oft. Viele Menschen lösen ihr eigenes Problem, indem sie es zum Problem anderer Menschen machen. Es gab einmal einen schlauen Mann, der hieß Immanuel Kant. Der hat gesagt, jeder Mensch solle sich so verhalten, dass es auch dann richtig sei, wenn sich alle Menschen so wie er verhielten. Wenn also alle an der Bushaltestelle parken, könnte der Bus dort überhaupt nicht anhalten.« »Immer hat der Herr Kant aber auch nicht recht«, meinte ich und grinste, »denn wenn alle Menschen in die Bäckerei stürmen und rufen, dass draußen der Porsche abgeschleppt wird, muss die Bäckerei wegen Überfüllung geschlossen werden. Und das will doch auch keiner …!«

Mittlerweile waren wir zu Hause angekommen. Bobopa blieb noch bei uns zum Mittagessen. Danach zog ich mich gleich in mein Zimmer zurück und dachte über seine Worte nach. Vielleicht hielt mein Tangram-Puzzle ein Bild für mich bereit, das zu unserem Gespräch passte. Und so war es tatsächlich.

Vielleicht ist diese Figur wie Bobopa auf dem langen Rückmarsch damals von seiner Schule nach Hause. Oder vielleicht sieht so jemand aus, der gerade seine Extrameile läuft ...

2.6 Von Bescheidenheit, Demut und Dankbarkeit

Wie viele Stiefel darf man zum Nikolaus eigentlich rausstellen?

Insbesondere an Bobopas Geburtstag gönnten wir ihm und uns oft den Besuch im »Grünen Baum«, wo es sehr leckere Schnitzel gab. Bennie hatte erst keine Lust mitzukommen und meinte: »Papi, willst du nicht auch lieber nach Frankfurt oder willst du stundenlang mit Bobopa im Grünen Baum rumessen?« Aber dann überlegte Bennie es sich doch anders und wollte mitkommen. Zehn Minuten bevor wir starteten, um Bobopa zu Hause abzuholen, fragte ich Bennie: »Was schenkst du denn Bobopa?« »Das weiß ich doch jetzt noch nicht!«, gab er mir zur Antwort. Bobopa freute sich jedenfalls sehr, als wir ihm gratulierten und er zu uns ins Auto einstieg.

Auf dem Weg zu unserem rustikalen Restaurant fuhren wir am Kronberger Schlosshotel vorbei, dort hatten sich meine Eltern verlobt. Mami wärmte diese Geschichte nochmals auf: »Sammie, das Schlosshotel ist ein sehr schickes Hotel. Da muss man sich benehmen. Papi und ich waren schon mal dort.« Ich fragte verwundert nach: »Wo war ich denn da?« »Damals warst du noch gar nicht auf der Welt!« »Haben die da gefragt, wo ich bin?«
Im Grünen Baum waren wir aber viel besser aufgehoben, da es dort nicht so vornehm zuging. Herrlich, wie dort die alten Holzstühle auf dem Fußboden schrabsten. Wir suchten auf der Speisekarte für jeden etwas aus und bestellten fünf Gerichte. Als endlich mein Schnitzel mit Pommes frites kam, aß und aß und aß ich, bis ich nicht mehr konnte. Ich ließ die Geburtstagsgesellschaft wissen: »Es hängt nicht vom Mund ab, ob man mehr isst, sondern vom Hunger. Ich entspanne meinen Magen mit einem Eis, und dann geht's weiter mit der Fresserei.« Dann ging ich zur großen Eistheke, an der man sich selbst bedienen konnte. Als Erstes riss ich dort erst einmal zwei neue Eispackungen auf, weil mir die alten doch zu unhygienisch erschienen. Danach ging es mit meinem Schnitzel weiter, und zwar aus gutem Grund, denn: »Ich bekomme fürs Aufessen 10 Cent. Da haue ich mir den Magen voll, auch wenn ich nachher alles vollkotze.« Mami schlug zum Spaß vor, ob ich nicht zur besseren Verdauung einen kleinen Schnaps trinken wolle und begann leise zu singen: »Schnaps, das war sein letztes Wort, dann trugen ihn …« Doch mit Schnaps hatte ich nichts am Hut und fragte sicherheitshalber nach: »Gibt's auch ein Lied vom Malzbier?« Nun schaltete sich auch Bennie ein und meinte: »Ich mag nicht.« Das wollte ich genauer wissen: »Bennie, was magst du nicht?« »Ich mag das Trinken nicht auskippen.« Doch da passierte es trotzdem, bei Bennie schwappt das volle Glas beim Trinken über. Mami kritisierte ihn: »Du trinkst ja wie die Uromi …« Ich setzte noch einen oben drauf: »Bennie, du kannst ins Haus Raphael gehen und dort deine Kunststücke vorführen!« Dann hatte es bei mir »klack« gemacht und ich wollte nach Hause. Da sich aber noch keine Aufbruchsstimmung einstellen wollte, begann ich, den Aufbruch schon einmal vorsichtig vor-

zubereiten: »Aber langsam hast du auch keinen Hunger mehr, Bobopa, stimmt's?« Schließlich kam die Kellnerin und fragte uns: »Darf ich Ihnen noch etwas bringen?« Bennie antwortete für uns alle: »Bringen dürfen Sie alles, nur keiner will etwas!« Sie schenkte jedem von uns Kindern einen Lutscher, den wir gerne annahmen. Anerkennend meinte ich zur Kellnerin: »Seid ihr jetzt familienfreundlicher geworden – wie McDonald's?« Zufrieden nach dieser gelungenen Geburtstagsfeier meinte ich: »Den Lutscher hat die Kellnerin aber gut ausgesucht, was die Kellnerin alles kann. Stimmt's, Bobopa, du hast lange nicht mehr solch einen Spaß gehabt.« Am Ende unseres Besuchs kam zwar noch der unangenehme Nachgeschmack mit der Rechnung, aber das war uns der schöne Abend doch wert.

Die Wochen vor Weihnachten mag ich sehr, da die Vorfreude auf das große Fest von Tag zu Tag zunimmt. Keksebacken, Kerzen und die festlichen Weihnachtsmärkte sorgen für eine schöne Stimmung. Allerdings sieht man in den Fußgängerzonen auch viele Bettler, die sich Spenden erhoffen. Mami und ich hörten einem Obdachlosen zu, der vor einem Café Gitarre spielte. Überzeugen konnte er mich damit jedoch nicht, jedenfalls meinte ich kritisch zu Mami: »Hm – glaubst du, das klappt da mit dem Takt?« Dann stellte ich noch fest: »Der Mann hat eine dunkle Haut. War das ein richtiger Mann früher?« Ich hatte jedenfalls noch nie einen Farbigen in Wirklichkeit gesehen. Nicht weit davon entfernt stand eine Gruppe von Sängern, die russische Lieder vortrugen. Als Mami ihr Portemonnaie zückte, konnte ich sie gerade noch rechtzeitig davon abhalten: »Den russischen Sängern brauchen wir kein Geld zu geben. Wir können ja sowieso nicht verstehen, was sie singen.«
Unser angeblicher Supertyp steuerte dann gleich noch einen schlauen Satz bei, er hatte doch tatsächlich in den Nachrichten mal aufgepasst: »Mami, die haben doch jetzt das Konjunkturpaket abgeschickt. Dann geht es bestimmt auch den armen Leuten bald besser.« Anschließend gingen wir in einen Holzspielzeug-Laden, um für unsere Weihnachtskrippe weitere Figuren und

einige Tiere zu kaufen. »Was ist, wenn man für die Krippe nur Josephs kauft?«, fragte ich Mami. So viel mache ich mir aus religiösen Sachen aber nicht. Ich bin im Übrigen ganz froh, evangelisch zu sein. Die Katholischen müssen bei uns in der Schule nämlich seitenlang abschreiben, die Evangelischen kleben nur ein paar Sticker ein. Ich hab's gut!

Voller Erwartung sprang ich im Dezember morgens immer aus meinem Bett, um das nächste Türchen des Adventskalenders zu öffnen. Besonders freuten wir uns natürlich auf den Nikolaustag. Bennie konnte gar nicht genug Geschenke bekommen und fragte Mami: »Wie viele Stiefel darf man zum Nikolaus eigentlich rausstellen?« Am nächsten Morgen analysierte er dann nüchtern die Gaben vor seiner Zimmertür und trennte Brauchbares von Unbrauchbarem: »Die Zweige sind die Klassikersachen, die sind immer dabei.« Zufrieden war er mit seinen Geschenken aber doch, denn er begann laut zu singen: »Der Nikolaus, der Nikolaus, der packt jetzt seine Gabeln aus.«

Was sollte ich mir nur wünschen? Diese Frage stellte sich jedes Jahr zu Weihnachten. Unser Nachbarskind Lena hatte es sich sehr einfach gemacht, wie sie mir erzählte: »Ich habe keinen Wunschzettel geschrieben, ich wünsche mir nur, was in meinem Herzen ist.« Davon hielt ich überhaupt nichts, denn ich war sicher: »Das wird doch nix! Wenn Lena die Produkte am Markt kennen würde, dann kann man nie zufrieden sein ...« Bennie hatte für sich noch eine ganz andere Lösung gefunden, um dem weihnachtlichen Warten zu entgehen. Stolz erzählte er uns: »Ich kauf' mir die Eisenbahn selbst. Dann braucht der Weihnachtsmann nicht zu kommen.« Interessant fand ich es, mich bei Bennie regelmäßig über den Stand seiner Weihnachtsvorbereitungen zu erkunden: »Wie läuft's denn so mit den Weihnachtsgeschenken auf den letzten Drücker?« Denn in diesem Jahr hatte ich ausnahmsweise rechtzeitig alle Geschenke besorgt. Lauthals verkündete ich: »Mami, ich habe dir ein Weihnachtsgeschenk gekauft, das war vielleicht Wucher! 125 Gramm für 4,50 Euro!« Die Adventszeit war schon eine aufregende Zeit. Mami hatte für uns den Countdown schon eingeläutet. »Noch vier Mal schlafen, dann ist endlich Weihnachten!«, meinte sie. Das wollte ich jedoch so nicht stehen lassen und hakte nach: »Mittags- oder Abendschlaf?«

Die Weihnachtsnacht

Heiligabend – der große Tag war angebrochen, aber die Zeit ging und ging nicht vorbei. Papi wollte mich ablenken und schlug vor: »Sammie, wollen wir nicht etwas spielen?« Dazu hatte ich nun aber gerade überhaupt keine Lust: »Nein, wir haben doch vorhin erst Tischtennis gespielt, jetzt ist auch mal Weihnachten für mich!« Nachmittags kamen Bobopa und Moma zu uns. Bobopa ging nach dem Kuchenessen mit mir in mein Zimmer. Ich holte das Tangram-Puzzle aus meiner Schublade am Bett und wir versuchten, weihnachtliche Motive aus den sieben Teilen zu legen, was sich aber als schwierig erwies. Immerhin gelang es mir, den Bettler aus der Fußgängerzone zu legen, der um eine milde Weihnachtsgabe gebeten hatte.

Bennie gesellte sich dazu und stellte eine Frage, die ihn anscheinend sehr bewegte: »Wie heißt denn der Weihnachtsmann eigentlich mit Vornamen?« Jedenfalls verging die Zeit wie im Flug, bis plötzlich ein feines Glöckchen ertönte – das Startsignal für die Christmas-Party! Der Jüngste darf bei uns zuerst die Geschenke öffnen, danach folgt der Zweitjüngste, also ich. Ich bekam vom Weihnachtsmann genau das, was ich mir gewünscht hatte, nämlich einen ICE für meine H0-Eisenbahnanlage. Passend dazu hatte Papi ein kurzes Gedicht für mich verfasst.

Jubiläumsfahrt des Taunus-Express

Das Leben gleicht sehr einer Reise
in einem Zug über die Gleise.
Welchen Weg der Zug denn nimmt,
ist durch die Schienen vorbestimmt.

Unter Dampf steht jeder Zug,
bekommt vom Reisen nie genug,
den Berg hinauf, hinab ins Tal –
eng verbunden Freud' und Qual.

Dass gut die Weichen sind gestellt,
selbst Tunnel noch die Sonn' erhellt,
dass gut geölt Du läufst stets rund,
dass Du bleibst fröhlich und gesund
wünschen Dir Mami und Papi!

Daneben wurde mir noch ein T-Shirt als vermeintliches Weihnachtsgeschenk untergemogelt. Aber ich muss fairerweise zugeben, ganz originell war es doch, denn Mami hatte auf der Vorderseite meine vier Wahlsprüche aufdrucken lassen. Welche das sind? Ganz einfach: Ich war's nicht. Ich hab's doch gemacht. Wir schlagen heute zu (beim Einkaufen). Und: Ich stell's jetzt rein (ins eBay). Nachdem wir unsere Geschenke geöffnet hatten, packte ich auch das alljährliche Flop-Geschenk einer Bekannten von Mami aus. Aber man muss sich nur zu helfen wissen, alles lässt sich irgendwie verwenden bzw. verwerten. Wozu habe ich schließlich meinen Wahlspruch: »Ich stell's jetzt rein«? Anschließend machte Bennie einen auf Liebkind und flötete brav: »Alle Jahre wieder«. Diesen Programmteil verfolgte ich jedoch aus der Ferne, da ich einmal kurz dringend verschwinden musste. Aber dann konnte ich laut die frohe Botschaft verkünden: »Kein Dünnschiss mehr!« Nach dem Abendessen – es gab wie immer Bockwürstchen mit Brötchen und Kartoffelsalat – kamen wir alle wieder im Wohnzimmer zusammen. Der Kamin knisterte und wir machten es uns auf dem großen Sofa bequem. Mit geheimnisvollem Gesicht zog Bobopa einen großen Zettel aus seiner Tasche und begann, uns eine Weihnachtsgeschichte vorzulesen.

Die Weihnachtsnacht

Eine eisige Kälte lag seit Wochen über dem Land und dazu wehte ein heftiger Ostwind, der alles noch schlimmer machte. Draußen war das Leben erstarrt und drinnen verkrochen sich die Menschen in ihren Stuben oder gingen zum Vieh in den Stall, um ein wenig Wärme zu haben. Heute jedoch hatte sich der Wind gelegt und ein wolkenloser Himmel wölbte sich über der schneebedeckten Landschaft. Es war der 24. Dezember 1946.

»Ihr habt nichts mehr zu brennen für euren Ofen« sagte der Großbauer zu dem Jungen, »aber im übernächsten Dorf hat man mir Torf versprochen. Onkel Hermann wird dich begleiten. Nehmt Männe und den Einspänner und macht euch auf den Weg!« Oh, wie freute sich da der Junge! Torf für den Ofen und für viele Tage, vielleicht Wochen, eine warme Stube! Schnell war Männe, das treue alte Pferd, aus dem Stall geholt und vor den Wagen gespannt. Onkel Hermann, ein heimatloser ehemaliger Wehrmachtssoldat und herzensguter Mensch, verstaute noch rasch eine Kanne mit heißem Malzkaffee im Strohsack. Ihren Inhalt hatte er zuvor mit einem reichlichen Schuss Rübenschnaps veredelt.

Dann brachen sie auf. Der Junge hielt die Zügel. Männe trabte trotz seines Alters munter drauflos. Der Schnee knirschte unter den Rädern und die Bäume zu beiden Seiten der Landstraße glitten an ihnen vorüber. Der Junge und der Mann saßen meistens schweigend nebeneinander. Sie verstanden sich gut und brauchten deshalb nicht viel miteinander zu reden. Die beißende Kälte kam ihnen durchaus erträglich vor und das lag sicherlich auch daran, dass dann und wann jeder von ihnen einen kräftigen Schluck aus der Kaffeekanne zu sich nahm. Die Sonne versank schon hinter dem Horizont, als sie ihr Ziel erreicht hatten. Ein freundlicher Herr mittleren Alters erwartete sie bereits und sagte: »Ich habe euch die besten Torfstücke herausgesucht. Sie haben weniger Wasser und sind deshalb nicht so hart gefroren. Sie werden bestimmt ganz gut brennen.« Die drei luden den Torf auf den Wagen und eine große Freude erfüllte den Jungen und den Mann, eine große Freude und Dankbarkeit über die Aussicht auf ein friedvolles Weihnachtsfest in einer warmen Stube.

So machten sie sich wieder auf den Rückweg. Das kluge Pferd wusste genau, dass es heimwärts ging, und es verfiel sogleich wieder in seinen Zockeltrab. Den Weg würde es jetzt auch alleine finden. Inzwischen war es dunkel geworden und ein samtschwarzer Himmel weitete sich über ihnen, übersät mit unzähligen großen und kleinen Sternen. Die einen leuchteten ruhig vor sich hin, die anderen funkelten wie Diamanten und hin und wieder zog eine Sternschnuppe ihre Bahn. Der Junge zog die Zügel an und Männe blieb stehen. Da umgab sie eine vollkommene Stille! Der Junge und der Mann erschauerten vor der Erhabenheit und Schönheit des Himmelszeltes und seiner unendlichen Weite. Sie kamen sich ganz klein und unbedeutend vor, und andächtig und mit glänzenden Augen sahen sie zum Firmament empor. Sie fühlten es: Es war die Heilige Nacht.

Bobopa legte langsam den Zettel auf unseren Wohnzimmertisch. Es herrschte absolute Stille. War das eine ergreifende Geschichte! Wer war nur dieser kleine Junge? Vielleicht Bobopa als Kind früher? Bobopa selbst unterbrach die Stille: »Jeder Mensch sollte dankbar sein, wenn er gesund ist und es ihm gut geht. Auch in der heutigen Zeit ist es wichtig, das Einfache zu schätzen. Denn wenn man jeden Tag Brötchen isst, dann ist das nichts Besonderes mehr.« Ich gab ihm recht: »Ja, Bobopa, dann wüsste man gar nicht, wie Brot schmeckt.« Ich finde es sehr interessant, von der Kriegsgeneration zu lernen. Bobopa isst bis heute jedes auch noch so alte Brot auf. Da besteht aber bereits ein Unterschied zu Mami und Papi, die altes Brot schon wegwerfen, dabei aber (wie sie sagen) ein schlechtes Gewissen haben – und das, obwohl sie den letzten Krieg längst nicht mehr miterlebt haben. Ich nahm mir noch ein Bethmännchen vom Weihnachtsteller und erkundigte mich bei Bobopa: »Habt ihr im Krieg auch Kaugummis gehabt?« »Nein, erst als die Amerikaner kamen.« »Habt ihr dann tagelang herumgekaut auf den Dingern?« Kaum nachvollziehbar sind die alten Zeiten für mich als Kind der Gegenwart. Bobopa berichtete weiter: »Wir hatten während des Krieges so wenig Geld zur Verfügung, dass ich erst an unserer Klassenfahrt gar nicht teilnehmen konnte. Glücklicherweise hat jemand in der Schule aber Mitleid gehabt und den Betrag für mich gespendet, sodass ich schließlich doch mitfahren durfte.« »Da hast du aber viel Glück gehabt«, freute sich Bennie mit Bobopa. »Ja«, sagte er, »das stimmt. Und genau aus dem gleichen Grund habe ich erst neulich auch ein bedürftiges Kind aus unserer Grundschule finanziell unterstützt, das ansonsten nicht an seiner Klassenfahrt hätte teilnehmen können. So wird die Hilfe von Generation zu Generation weitergegeben, vielleicht irgendwann einmal auch von diesem Kind wieder.« Dann erzählte Bobopa weiter: »In den Jahren nach dem Krieg ging es uns allmählich etwas besser. In den 50er-Jahren gab es in Deutschland sogar Markenkleidung. Ich kann mich noch gut an die modischen Mäntel erinnern, Lumber Jacks hießen diese. Leisten konnte ich mir einen solchen Mantel aber nicht. Ausgelacht oder gar ausgegrenzt wurde ich deshalb von den anderen Jugendlichen aber keineswegs! So etwas gab es gar nicht.« »Ja«, sagte Papi, »insofern haben schlechte Zeiten auch etwas Gutes,

denn die Menschen rücken viel näher zusammen, so wie Onkel Hermann und der Junge auf dem Einspänner!«
Abends, als unser Weihnachtsfest längst vorüber war, nahm ich den Zettel von Bobopa mit ins Bett und las ihn nochmals in Ruhe durch. Als Mami kam, um mir noch Gute Nacht zu sagen, teilte ich ihr gleich meine Entdeckung mit: »Bobopas Konzentration ist ja schnell am Ende – im ersten Satz ein Rechtschreibfehler!«
Danach ging Mami auch zu Bennie ans Bett. Er schaute Mami glücklich an und sagte zu ihr: »Die neue Ritter Sport heißt genauso wie Bobopa: Goldschatz!« Welch ein schönes, friedliches Weihnachtsfest.
Am nächsten Morgen wachte ich auf und schlug Mami vor: »Warum lädst du Onkel Wolfgang und seine Familie nicht für heute zu uns ein und dann sehen wir, wer das bessere Weihnachtsfest schafft?« Denn traditionell sind wir alle am zweiten Weihnachtstag bei Onkel Wolfgang zum Festschmaus eingeladen. Auch wenn alle satt sind, gönne ich mir anschließend – genauso traditionell – gerne noch einen Big Rösti bei McDonald's, bis ich mir dann endlich eingestehen muss: »So langsam setzt bei mir die Übelkeit ein ...«
Die langweiligen Tage nach Weihnachten, die eigentlich nur zur Überbrückung bis Silvester dienen, überstanden wir recht gut. Zum Glück hatte es kräftig geschneit, sodass wir mit Nachbarskindern im Wald Schlitten fahren konnten. Wir veranstalteten richtige Rennen, bei denen allerdings Max meistens verlor und dadurch recht traurig war. Zum Glück rettete Bennie die Situation und änderte spontan die Spielregeln: Max durfte schon bei »fertig« losfahren, die anderen erst bei »los«. Typisch, so ist Bennie eben. Ansonsten bastelte und malte er in dieser Zeit besonders viel. Stolz präsentierte er uns seine Bilderkollektion: »Schaut einmal her, ich habe einen Baum gemalt. Mein Baum auf dem Bild hat aber keine Blätter. Es ist gerade Herbst.« Es prasselte Lob von allen Seiten und Bennie fühlte sich bestätigt: »Tja, ich habe eben genug Geschmack, dass ich durch's Leben komme.« Ich kann das alles nicht nachvollziehen und denke manchmal: Was bringt einem eigentlich das Malen? Dann begann endlich das neue Jahr

und Papi fragte: »Bennie, weißt du eigentlich, welches Jahr jetzt angefangen hat?« Doch der war nicht auf den Kopf gefallen: »Na klar, das nächste!« Nach einigen Tagen stellte ich erstaunt fest, dass das neue Jahr noch immer keinen Montag erlebt hatte. Wie niedlich ... Aber das sollte sich schnell ändern, wie Bennie richtigerweise feststellte: »Erst kommt der Montag, dann der Dienstag, dann kommt der Mittwoch und dann der Eiermann!«

2.7 Von Tod, Glauben und Halt im Leben

Aufgefahren in den Himmel

Unsere Oma hatte Geburtstag und uns zum Kuchenessen eingeladen. Ihre Geburtstagstreffen im August auf der großen Terrasse waren ein schönes Ritual, auf das wir uns schon lange im Voraus freuten. Kurz vorher stiegen bei uns zu Hause die Spannung und der Hunger an. Ich schlug vor: »Wollen wir die Oma anrufen, was sie hat? Wenn sie Käsekuchen hat, fahren wir nicht hin. Wenn sie leckere Torte hat, fahren wir hin!« Wir fuhren dann aber doch ohne vorherigen Kuchencheck hin, was sich als gute Entscheidung herausstellte: Es gab leckeren Apfelkuchen, allerdings so viel, dass wir längst nicht alles aufaßen. Das war jedoch nicht weiter schlimm, denn ich gab Oma den guten Rat mit: »Wenn du die Torte einfrieren willst, musst du nur die Apfelstücke rausmontieren.« Die Äpfel stammten aus Omas und Opas Garten und wir durften uns zum Abschied einige Äpfel vom Baum zum Mitnehmen pflücken. Bennie fragte bei der Gelegenheit gleich nach: »Welche Apfelsorte haben denn Adam und Eva gehabt?«
Leider ging es damals Oma gesundheitlich schon sehr schlecht. Bennie meinte voller Rücksicht: »Oma hat eine Gasbombe im Bauch. Aber wir sagen es ihr nicht. Du willst ja auch nicht, dass man dir sagt, dass du eine Gasbombe im Bauch hast.« Dann fragte er Papi sehr besorgt: »Muss die Oma repariert werden?« Papi sagte: »Ja, die Oma wird morgen am Bauch operiert.« Ich stellte mir

das bildlich vor und fand: »Das ist ja ganz schön brutal! Aber sie wird bestimmt betäubt. Als mir die Elektrolyten herausgenommen wurden, da habe ich auch geschlafen.« Eigentlich meinte ich natürlich die Polypen. Oma ging es immer schlechter. Ich nahm mir daher Mamis großes Gesundheitsbuch und las alles über Omas Krankheit nach. Das war ja etwas mit der Oma.

Als es ihrem Ende entgegenging, besuchten wir Oma noch einmal im Krankenhaus, um von ihr Abschied zu nehmen. Im großen Wartezimmer des Krankenhauses fragte mich Bennie: »Sammie, was sagst du? Du sagst, die Oma ist tot, und ich sage, sie lebt noch. Okay?« Da kann ich nur sagen: »Der Bennie hat keinen Respekt gelernt.« Doch spurlos ging das Ganze an Bennie keineswegs vorbei: »Stell dir vor, deine Mami würde sterben.« »Dann wäre deine Mami doch auch tot«, gab ich zurück. Bennie erschrak und legte seinen Arm um Mami: »Ach, Mami, weißt du, wer nie sterben darf? Du und ich.« Einige Tage später verstarb Oma im Krankenhaus und wir waren sehr, sehr traurig. Papi war bis zuletzt bei ihr am Sterbebett gewesen. Ich fragte ihn: »Wie sah die Oma am Ende aus?« Papi riet mir: »Behalte sie doch so in Erinnerung, wie du sie kennengelernt hast.« Mit dieser Empfehlung konnte ich aber wenig anfangen: »Ich weiß gar nicht mehr, wie sie aussah, als ich sie kennengelernt habe.«
Die Beerdigung fand im festlichen Rahmen statt. Bennie machte mich darauf aufmerksam, leise zu sein: »Sonst weckst du auf dem Friedhof die ganzen Leute auf!« Die Trauergruppe legte viele Kränze am Grab nieder, die wie Adventskränze aussahen. Ich machte mir aber eher um Oma Sorgen: »Was ist, wenn Oma wieder aufwacht? Dann ärgert sie sich, weil sie in so einem komischen Holzkasten liegt.« Jeden einzelnen Buchstaben auf dem Grabstein muss man übrigens einzeln bezahlen. Deshalb war ich erleichtert, dass wir einen recht kurzen Nachnamen und keinen Doppelnamen, wie z. B. Schneusshäusel-Schnarrenberger, haben. Abends nach der Beerdigung war die Stimmung zu Hause gedrückt, selbst Bennie war an diesem Tag niedergeschlagen. Ich hörte, wie er abends am Bett zu Mami sagte: »Weißt du, was heute das Traurigste war? Mein roter Luftballon ist geplatzt und die Oma wurde beerdigt.«
Am nächsten Morgen hatte Papi auch noch frei und wir saßen alle beim Frühstück. Ich versuchte, mit einem lockeren Spruch die Stimmung etwas anzuheben: »Können wir nicht zu Yellow-Strom wechseln? Dann haben wir den Strom für 48.000 Früh-

stückseier umsonst!« Aber die Stimmung blieb gedrückt. Auch mich bewegte Omas Tod am Tag nach ihrer Beerdigung noch sehr. In unserer Straße wohnten einige uralte Herrschaften, um die ich mich nun zu sorgen begann: »Ich glaube, Herr Geis lebt nicht mehr lange, der ist bald am Ende. Ich sag', noch fünf Wochen bei der Hitze.« Und dann hätten wir unter Umständen ein Problem: »Wenn der mal tot ist, wer fischt ihn dann aus der Bude?« Auch Bennie war leicht verunsichert: »Den schaffen wir nicht zu viert.« Und dann gab es noch ein weiteres Problem – den Sarg. Diese Frage stellte sich sicher nicht nur mir, auch wenn sich sonst keiner traute, sie laut auszusprechen: »Was ist, wenn man nicht reinpasst?« Und der angebliche Supertyp meinte, er müsse zum Thema »Grab« gleich wieder etwas Schlaues beisteuern. »Soll ich mal ein Bienensprichwort sagen? Einer gräbt ein Loch und fällt selbst hinein.« Gemeint hat er wohl: »Wer anderen eine Grube gräbt, fällt selbst hinein.« Aber wahrscheinlich hatte er zu viel Biene Maja geschaut. Und übrigens, Herr Geis ist jemand, der in seinem bisherigen Leben nie einen Schritt zu Fuß gegangen ist, sondern überall mit seinem Auto hingefahren ist. Wenn er irgendwann einmal tatsächlich ableben sollte, heißt es in der Kirche im Glaubensbekenntnis »aufgefahren in den Himmel«. Dann wird diesem Satz eine ganz eigene Bedeutung zukommen ...

Auch wenn wir eher selten in die Kirche gingen, fanden meine Eltern, es gehöre dazu, sich konfirmieren zu lassen. Ich erklärte mich dazu bereit, mir die Sache zumindest mal anzuhören. Doch meine anfängliche Euphorie hielt nicht lange an und ich bat meine Eltern inständig: »Meldet mich bei der Kirche ab, die verbauen mir die Sonntage.« Ich fühlte mich sonntags immer hin und hergerissen, ob ich nun in die Kirche gehen sollte oder nicht: »Ich gehe morgen nicht in die Kirche. Alle denken, ich sei noch krank. Und wenn ich dann doch komme in aller Pracht und Gesundheit ...« Papi wollte von mir wissen, was die Konfirmation für mich bedeute. Meine Antwort war klar: »Money, money, money.« Denn tatsächlich, insbesondere die Aussicht auf gute Konfirmationsgeschenke hielt meine

Laune hoch und bestärkte mich, auf dem richtigen Weg zu sein. In den Monaten vor der Konfirmation fragte ich Mami und Papi ungeduldig: »Kann ich mein Konfirmationsgeschenk heute schon haben? Ist auch eine Barauszahlung möglich?« Ich fand nämlich: »Das Einzige, was bei der Konfirmation zählt, sind Geldgeschenke. Was soll man denn mit alten Brettspielen von Onkel Wolfgang?« Doch die Zeit bis zur Konfirmation und zum lang ersehnten Kassensturz verging für mich nur sehr langsam. Warten ist eben nur etwas für Loser! Immerhin durfte ich mitkommen, um mein Konfirmationsgeschenk auszusuchen. Ich hatte meine Erwartung lange genug deutlich bekundet und so den Geschenkwert etwas nach oben geschraubt. Im Einkaufszentrum stieg meine Laune daher auch zusehends an: »Parken wir nahe am Media Markt. Dann können wir den i-Pod besser ins Auto wuchten!«
Fast hatte ich es geschafft. Am Vorabend der Konfirmation nahm ich mit meiner Familie aber noch am obligatorischen Abendmahl teil. Leise zischte ich Bennie zu: »So, Bennie, das hast du bald auch jede Woche, solche Gottesdienste!« Meine Konfirmationsfeier war dann aber doch ein voller Erfolg, auch den nervigen Aufnahmen des professionellen Fotografen konnte ich geschickt entgehen. Ich musste ja nicht gerade dort stehen, wo er die aufgesetzten Grinsgesichter fotografierte. Das brauchte ich nämlich nicht. Ich hatte keine Lust auf den Typen. Wegen der Wahl des Restaurants waren wir erst unschlüssig gewesen. Ich hatte zunächst vorgeschlagen: »Können wir meine Konfirmation bei McDonald's am Drive-in feiern? Die erste Durchfahrt ist für jeden kostenlos. Wenn ich an die Apfeltasche bei McDonald's denke, dann läuft mir der Gaumen im Mund zusammen.« Doch dann hatten sich meine Eltern für das Restaurant am Zauberberg entschieden und ein leckeres Festessen zusammengestellt. Bennie war jedoch von etwas ganz anderem beeindruckt: »Wenn bei der Konfirmation die Preise auf der Speisekarte stehen würden, würde jeder nur Handkäs' mit Musik bestellen.« Auch der Pfarrer schaute kurz im Restaurant vorbei und aß mit. Aber er schlang sein Essen

schnell herunter, da er schon bald zur nächsten Feier weiterfahren musste. Neben Geldgeschenken und meinem i-Pod bekam ich noch einige weitere Sachgeschenke. Mami stöberte auf meinem Geschenketisch und stellte fest: »Oh, du hast ja das Buch ›Als Hitler das rosa Kaninchen stahl‹ bekommen.« Den Titel hatte ich nicht ganz richtig verstanden, aber ich lese bestimmt kein Buch über Hitlers rosa Kaninchenstall. So etwas interessiert mich überhaupt nicht, ich habe schon genug mit meinem Hommi zu tun! Aber jetzt hören wir mal auf, uns über solche sinnlosen Sachen zu ärgern ...

Der Löwe ist wieder da

Eigentlich hatten Bobopa und ich geplant, eine Herbstwanderung zu unternehmen und seit Längerem auch einmal wieder im Waldrestaurant vorbeizuschauen. Doch der Herbst zeigte sich von seiner weniger schönen Seite. Dicke Nebelschwaden hatten ihren grauen Schleier über die Häuser und den angrenzenden Wald gelegt. Bobopa erschien zwar pünktlich bei uns, um mich abzuholen. Wir beschlossen aber, an diesem Tag lieber zu Hause zu bleiben. Nachdem er seinen Kaffee getrunken hatte, kam er in mein Zimmer, wo ich schon auf ihn gewartet hatte. Denn ich wollte ihm etwas zeigen, das mich sehr bewegte. An diesem Tage hatten wir nämlich eine ergreifende Rundmail erhalten, in der Bekannte von uns über den Gesundheitszustand ihrer todkranken Tochter berichteten. Ich bin zwar ein Hartprofi, aber diese E-Mail und das Schicksal der kleinen Sina hatte mich zutiefst bewegt. Ich druckte die E-Mail aus und gab sie Bobopa zu lesen:

Liebe Freunde,
nach ihrer Krebsbehandlung sagte unsere kleine Sina neulich abends im Bett zu uns: »Der Löwe ist weggelaufen.« Wir fragten nach: »Welcher Löwe?« Sina antwortete: »Der Löwe in meinem Kopf.« Als wir wissen wollten, ob das ein guter oder ein böser Löwe sei, meinte sie: »Ein böser Löwe. Endlich ist der

böse Löwe in meinem Kopf weggelaufen.« Sina erholte sich schnell. Ein kurzer Spaziergang im Park, ein erster Ausflug in den Zoo, die Zusage für einen Kindergartenplatz – wir hofften, nach so langer Zeit der Ungewissheit und Sorge wieder ein normales Leben wie andere Familien auch führen zu können.
Doch diese Hoffnung erfüllte sich leider nicht. Wir mussten erneut erkennen, dass es im Leben keine Garantie auf Glück gibt und eine vermeintlich positive Entwicklung schnell wieder ins Gegenteil umschlagen kann. Denn eines Nachts wachte Sina weinend auf und sagte: »Der Löwe ist wieder da.« Im Krankenhaus erfuhren wir, dass die Medikamente es nicht geschafft hatten, den Krebs zu besiegen. Auch eine Operation hielten die Ärzte für aussichtslos. Sina nimmt nur ein Medikament ein, das wir wegen der heftigen Nebenwirkungen bereits vor einiger Zeit abgesetzt hatten. Wir klammern uns an die verbleibende Hoffnung – was bleibt uns in dieser Situation auch anderes übrig? Unser Bauchgefühl sagt jedoch, dass Sina ihren so tapfer geführten Kampf nicht gewinnen wird. Schon jetzt ist ihr Sehvermögen stark eingeschränkt. Ihre Kräfte nehmen täglich ab. Seit mehreren Tagen liegt sie nur noch im Bett und kann sich fast nicht mehr bewegen.
Diese Woche verbringen wir gemeinsam in einer wunderschönen Ferienwohnung auf dem Lande. Sina liegt meistens auf einer Decke unter einem Kirschbaum und lauscht auf dem riesigen, wilden Grundstück unseren Geräuschen und dem Zwitschern der vielen Vögeln. Trotz der Machtlosigkeit, die uns nicht loslässt, versuchen wir, den Tag entspannt zu verbringen. Es ist so wichtig für uns, jetzt füreinander da zu sein. Kirschen essen, gemeinsam Kinderlieder singen, abends am Lagerfeuer grillen – jedes dankbare Lächeln von Sina erfüllt uns mit stillem Glück und zugleich der Traurigkeit des vielleicht bevorstehenden Abschieds.
Wir wünschen uns so sehr, dass Sina bis zum Ende bei uns zu Hause bleiben kann. Unsere Aufgabe besteht nun darin, dafür zu sorgen, dass Sina nicht leiden muss. Niemand kann uns sagen, wie lange es dauern wird und wie es verläuft. All unsere

Kräfte müssen wir zusammennehmen, um Sina in Liebe loszulassen. Ob und wann sie geht, hängt allein von unserer kleinen Löwin ab.

Mit lieben Grüßen aus dem wilden Garten
Sina, Mama und Papa

Bobopa setzte seine Brille ab und schwieg zunächst. Das Schicksal der kleinen Sina hatte auch ihn tief bewegt. »Wieso lässt der liebe Gott denn so etwas geschehen?«, wollte ich wissen, »das Mädchen ist doch noch so klein und hat niemandem etwas getan.« »Darum geht es auch nicht«, meinte Bobopa, »der liebe Gott entscheidet, wann er es für richtig hält, jemanden zu sich zu holen. Wenn er Sina nun zu sich holt, dann ist das sicherlich sehr, sehr früh, denn Sina ist noch ein kleines Kind. Aber vielleicht erspart der liebe Gott Sina und ihren Eltern dadurch viel Leid. Daran müssen wir auch denken.« »Kann denn Jesus dann nicht helfen? Was macht denn Jesus? Und was macht der liebe Gott? Wer macht eigentlich bessere Sachen?«, wollte ich wissen. »Jesus ist der Vertreter vom lieben Gott auf unserer Welt. Der liebe Gott passt im Himmel auf uns auf.« Inzwischen war Bennie zu mir ins Zimmer gekommen und hatte die letzten Worte mitbekommen. Er fragte: »Der liebe Gott wohnt doch im Himmel. Wenn er stirbt: Bleibt er dann gleich oben?« Bobopa lachte und sagte: »Der liebe Gott stirbt nicht. Er ist immer für uns da, solange wir an ihn glauben. Um uns an ihn und seine Güte und seine Gebote zu erinnern, hält unser Pfarrer jeden Sonntag in der Kirche seine Predigt.« Jetzt waren Bennie die hierarchischen Zusammenhänge klar: »Ist der Gott also der Vorsitzende vom Pfarrer?« Es war inzwischen spät geworden. Ich brachte Bobopa zur Haustür und begleitete ihn auch noch zum Gartentor. Nachdem wir uns voneinander verabschiedet hatten, blickte ich ihm noch lange, lange nach, bis ich in der Ferne seine Umrisse nur noch schemenhaft erkennen konnte. Dann war er im dichten Herbstnebel verschwunden. Wie gut, dass ich solch einen guten Freund hatte. Und ich bin mir sicher: Bobopa wird immer mein Lieblingsmensch bleiben!

Zurück im Haus ließ mich das Gespräch mit Bobopa nicht los, meine Gedanken kreisten unaufhörlich um Sina. Vielleicht konnte mir mein Tangram-Spiel helfen, die Eindrücke aus der E-Mail besser zu verarbeiten. Und tatsächlich fand ich auch dieses Mal wieder eine passende Form.

Teil 3:
Wie man sich erkennen kann

Vom Spiel des Erkundens zum Spiegel der Erkenntnis

Jahr um Jahr war seitdem vergangen. Gerne erinnerte ich mich an meine schöne Kindheit und die vielen Erlebnisse gemeinsam mit Bobopa: unsere langen Gespräche, die häufigen Wanderungen zum Waldrestaurant, das gefüllte Sparschweinchen als Trösterchen oder das geheimnisvolle Tangram-Puzzle ... All dies wird für mich unvergesslich bleiben. Wie hatte Bobopa mir einst am Waldrestaurant gesagt: »Man muss etwas säen, dass dann immer weiterwächst. Oder etwas aufbauen, dass immer stehen bleiben wird, so wie unser Waldrestaurant hier.« Erst jetzt bekamen für mich seine damaligen Worte plötzlich einen tieferen Sinn. Bobopa hatte es tatsächlich geschafft, etwas zu säen, das nun aufging und in mir weiterwachsen wird. Er hat für mich Akzente gesetzt. All unsere Gemeinsamkeiten und Erinnerungen kann mir niemand nehmen, sie werden uns beide immer verbinden. Und vielleicht werde ich diese Gedanken selbst weitergeben an meine eigenen Kinder, wie einen Staffelstab. Oder vielleicht auch das Tangram-Puzzle. Vielleicht werden auch meine Kinder beziehungsweise Enkelkinder und ich später gemeinsam zum Waldrestaurant wandern oder uns einen ähnlichen Ort schaffen, irgendwo und möglicherweise auch ganz anders. Der aber die gleiche Bedeutung für uns erlangen wird. Und vielleicht nehmen wir dann auch Furbys mit, die dann vermutlich aber ganz anders aussehen werden als meine eigenen Furbys.
Ich bekam Lust, seit langer Zeit wieder einmal Tangram-Formen zu legen. Doch wo befand sich das Puzzle eigentlich? Ich stöberte auf dem Dachboden und fand dort meine bunte Tangram-Schachtel, in der lose die sieben verspiegelten Plättchen lagen. Während der Regen auf das Dachfenster prasselte, schob ich gedankenverloren die Formen hin und her. Tiere, Menschen und

geheimnisvolle Formen gingen ineinander über. Plötzlich fügten sich die Teile wie von selbst zu einem Rechteck zusammen und bildeten einen richtigen Spiegel. Ich erkannte darin mich – einen jungen Mann, der mir mit großen Augen entgegenblickte. Jemand, der wusste, was er wollte. Jemand, der Selbstbewusstsein ausstrahlte und mit sich zufrieden war. Und jemand, der dadurch erwachsen und reif wirkte. Auf mich zumindest.

Ich hatte Bobopa damals gefragt, was man denn eigentlich alles wissen müsse, um irgendwann erwachsen zu sein. Oder ob man automatisch erwachsen sei, wenn man achtzehn Jahre alt werde. Ich erinnerte mich noch gut an Bobopas Worte, als er mir erklärt hatte: »Erwachsen ist man dann, wenn man erkannt hat, worauf es im Leben für sich selbst ankommt. Manche Menschen erkennen dies früher, andere später. Jeder Mensch muss für sich herausfinden, was ihm wichtig ist, wofür er leben und woran er glauben will. Danach sollte er dann sein Leben ausrichten.«
Mein Spiegelbild schaute mir voller Zuversicht entgegen. Wie viele Situationen hatte ich mit Bobopa erlebt, wie viele Sichtweisen mit ihm diskutiert? Er hatte mich nie belehrt, sondern eher gelehrt, Dinge auch aus anderer Sicht zu betrachten. Nicht zuletzt auch durch mein Tangram-Spiel. Mir sind sicherlich viele andere Dinge wichtig als Bobopa beziehungsweise viele Dinge in anderer Weise wichtig als ihm. Das ist auch gut so, denn verbiegen lasse ich mich natürlich nicht. Aber ich weiß heute zumindest viel besser, was mir wirklich etwas bedeutet. Es gibt zwar kein Geheimrezept für Glück, jeder mischt sich die Zutaten für sein Leben selbst und würzt stärker oder weniger stark. Es hilft aber zu wissen: Die Menschen sind unglücklich, weil sie nicht wissen, dass sie glücklich sind. Und ich bin glücklich. So wie ich bin. Genau so. Und dies ist nicht das Ende, sondern ein Anfang ...

Lösungen zu den Tangram-Formen:

Zusammenfassung:

Der kleine Sammie wächst behütet in einem Elternhaus voller Liebe auf. Diese muss er zu seinem Leidwesen jedoch mit seinem jüngeren Bruder Bennie teilen. Schon bald fühlt sich Sammie durch den häuslichen Rahmen und die Regeln um ihn herum eingeengt. Vieles erfragt und hinterfragt er. Wie gut, dass der Junge in Bobopa, seinem Großvater, eine Vertrauensperson und einen Freund findet, der über all die Jahre hinweg ein offenes Ohr für Sammies Ringen um ein eigenes Weltverständnis hat.

Schon frühzeitig haben sich die beiden im Wald einen geheimnisvollen Ort geschaffen. Dieser ist für sie Ziel vieler gemeinsamer Wanderungen, die zugleich einen willkommenen Anlass für intensive Gespräche bieten. Überhaupt nutzen die beiden jede Gelegenheit, um in ihren teils amüsanten, teils nachdenklichen Unterhaltungen Sammies Erlebnisse und Ansichten aufzuarbeiten. Gemeinsam stellen sie dabei fest, wie sich Wertvorstellungen über die Generationen hinweg verändert haben. Doch es gibt nur von ihnen unterschiedlich wahrgenommene Wirklichkeiten, aber keine absolute Wahrheit. Altbewährte Ansichten sind heutzutage nicht zwangsläufig richtig und nicht immer überholt. Heutige Anschauungen können zwar jetzt ihre Berechtigung haben, ohne aber bereits früher passend gewesen sein zu müssen.
Sammie erkennt während seiner bunten Zeitreise von der frühen Kindheit bis zur Jugend, worauf es im Leben wirklich ankommt, um glücklich zu sein. Und darauf kommt es an – unverändert über alle Generationen hinweg.